적임자
리더십

문제 해결을 위한
적임자가 필요하지 않은가?

머리말

왜일까?

의문 1)
　　대한민국 역대 대통령들의 마지막은 모두 불행했다.

　이승만 대통령은 하야한 이후 이국땅에서 서거하였고, 윤보선 대통령은 5·16 쿠데타로 쫓겨났으며, 박정희 대통령은 측근에게 시해당했고, 최규하 대통령은 임기 중 밀려났다.
　전두환, 노태우 대통령은 퇴임 후 교도소에 갔고, 김영삼, 김대중 대통령은 임기 중에 자식들이 교도소에 보내졌다. 노무현 대통령은 스스로 운명을 달리했고, 박근혜 대통령은 탄핵 후 감옥에 가 있으며, 이명박 대통령은 퇴임 후 교도소에 드나들었고 지금도 감옥에 가 있다.

문재인 대통령을 포함한 미래 한국 대통령들의 마지막은 다를 수 있을까?

대통령의 어두운 말로로 대표되는 한국 정치사는 권력구조에서 기원한다.

눈에 보듯 뻔한 일인데 왜 권력구조의 변화를 외면하는 것일까?

의문 2)

평생을 일해도 수도권에 있는 아파트 한 칸조차 살 수 없는 가장의 한숨.

일할 사람이 부족해 농사짓기가 어려운 농촌 현실과 직장을 구하지 못해 고시원을 전전하는 도시의 청년들의 모습.

영남에서 진보를 호남에서 보수를 이야기하는 사람들이 받는 따가운 시선들.

이제는 목적마저 잃어버린 통일.

갈수록 심화되는 빈부와 계층 간, 지역과 도농 간의 격차, 커져만 가는 국민들의 정부에 대한 불신과 불만은 어디가 끝일까?

 갈수록 깊어만 가는 영남과 호남의 갈등, 나아가 풀리지 않는 남북문제는 누가 어떻게 해결하고 풀 수 있는 것일까?

 문제해결을 위한 적임자가 필요하지 않은가?

의문 3)
 3·1절, 광복절, 6·25, 4·19, 5·18등 기념식장에 태극기를 들고 맨 앞줄에 앉을 사람은 많지만 만약 그때의 상황이 다시 온다면 과연 당당하게 만세를 부르며 국가의 독립과 민주주의를 위하여 앞장설 사람들이 얼마나 될까?

 우리 국민은 진짜 주인의 역할을 다하고 있는 것일까?

국가가 제공하는 권리를 단지 사용하기만 하면 되는 것으로 스스로를 인식하고 있지는 않은가?
 국민이 주인으로서의 자각도 책임도 잃고 있는 이유는

무엇일까? 또 해결방법은 없는 것일까?

"세상 어디에도
 이유 없는 무덤은 없다."

 현상이 발생했다면 발생 원인은 반드시 존재한다. 그리고 원인이 존재한다면 해결방법 역시 반드시 있다.

지은이 조일현

글을 쓰는 이유

　조직이나 국가를 운영함에 있어 일관된 비전이나 정책은 없고, 매 순간을 이벤트식 행사로 대처해서는 결코 성공하거나 발전할 수가 없다. 크고 작은 단위의 조직이 성공하고 발전하기 위해서는 3가지 핵심요소가 충족되어야 한다.

- 합리적인 규정
- 유능한 책임자
- 적극적인 구성원

　국가도 마찬가지다. 제도와 책임자 그리고 국민이 제각기 담당하고 있는 역할들이 유기적으로 효율성 있게 작동될 때 비로소 국가가 부강해지고 국민이 행복해질 수 있다. 그런 차원에서 현재 대한민국의 상황은 어떠한가? 길 잃은 철새의 형국이 아닌가?
　역대 대통령들의 퇴임 후 삶이 순탄하지 않았고, 쉽게 풀리지 않을 문제들은 사회 도처에 켜켜이 쌓여 있다. 국민은 갈팡질팡하며 낙담하고, 대상도 대안도 불분명한 불평불만에 익숙해져 가고 있다.

우리는 더 나은 내일의 대한민국을 위해서 변화가 필요하다는 것을 알고 있다.

그것을 알고도 모른 체하는 사람들은 지금의 병약한 사회를 통해 이득을 보고 있거나, 그렇지 않다면, 주인으로서의 의무는 잊고 방관자처럼 무관심한 사람들일 것이다.

나는 그것에 대해 "나"라는 주관적 입장이 아닌 "우리"라는 객관적 입장에서 문제를 바라보고 대안을 제시하고자 이 글을 쓴다. 제시하고자 하는 대안의 핵심은 다음과 같다.

첫째, 대한민국은 권력구조를 의원내각제로 바꾸어야 한다.

둘째, 모든 책임자의 선택과 임명을 적임자로 뽑아야 한다.

셋째, 국민은 국가의 주인으로서 책임과 의무, 즉 적극적인 참여를 통해 국민의 도리를 다해야 한다.

행정학박사, 법학박사　　조일현

추천사

내가 조일현이라는 인물을 알게 된 시기는 1992년부터다. 특별한 계기로 그를 알게 되었고, 1994년부터 후원회장으로 함께 해 오고 있어서 조일현의 인물됨을 알고 신뢰한다.

그는 젊어서부터 정치를 해오고 있는데 여러 방면에 걸쳐 재주도 많은 인물이다. 박사 학위를 받고 대학에서 강의도 했고 여러 권의 책도 발간했다. 그중에 「광화문 아고라」는 베스트셀러가 되기도 했다.

그는 "대한민국의 권력구조를 의원내각책임제로 바꾸어야 한다"는 주장과 함께 "책임자는 그 일을 해 낼 수 있는 적임자가 되어야 하고 그 중심에는 나라의 주인인 국민이 바로 서야 한다"고 강조한다.

그렇게 확고한 신념을 가지고 있는 정치인 조일현이 평소의 주장이 담긴 책 「적임자 리더십」을 발간했다.

「적임자 리더십」 추천사를 받고 나서

한 정치인의 정견인 동시에 한 시대의 계몽서인 셈이다. 나는 그가 책을 낼 때마다 몇 번의 추천사를 썼다. 이번에도 부탁을 받고 책 내용을 살펴보면서, 조일현은 한 시대를 이끌 수 있는 인물이라는 생각을 하게 되었다.

많은 이들이 「적임자 리더십」을 읽고 나와 같은 느낌의 메아리가 퍼져 나가길 희망한다.

조일현은 매우 젊은 나이에 국회에 입성하여 많은 사람들의 엄청난 기대를 걸머지고 힘겨운 길을 걸어왔다. 그의 미래에 기대를 거는 사람들이 많았고, 지금도 적지 않다.

세월이 하 수상하여 그가 원하는 길을 순조롭게 가지 못하고 실망에 빠지기도 하였지만, 그의 꿈은 언제나 생생하다.

얼핏 생각하면 정치 지도자가 없는 사회가 민주사회 같지만 그렇지는 않다.

민주사회는 민주주의를 훌륭하게 운영할 수 있는 지도자를 요구한다. 그가 무척 젊은 나이에 정치의 길에 접어들었기 때문에 지금도 정치인 조일현은 젊다. 결코 과거의 인물이 아니고 새로운 시대의 새로운 지도자로 거듭날 가능성이 많은 정치 지도자다. 그는 이 시대의 "적임자 정치 지도자"가 될 수 있다.

조일현은 '의원내각제'와 '적임자 선택' 그리고 국민이 국민으로서의 도리와 책임을 실천하는 새로운 시대를 갈망하고 있다. 그가 바라는 그런 날이 속히 오기를 나도 간절히 바라고 있다.

　거듭 이번에 발간된 「적임자 리더십」이 많은 이들의 이해와 동의를 이끌어 낼 수 있는 교구가 될 수 있기를 기대한다.

2021년 8월 12일
94수(연세대학교 명예교수)　김　동　길

차 례

머리말　　4
글을 쓰는 이유　　8
추천사　　10

1부 적임자 리더십　우리에게는 적임자가 필요하다

1장　적임자

1절 적임자와 책임자　22
　　적임자와 책임자의 차이점　23

2절 적임자의 자질　24
　　적임자는 씨가 다르다　24
　　적임자의 역할이 있다　25
　　적임자의 자질과 역할　26

3절 적임자의 자격　27
　　실력을 길러야 한다　27
　　경험을 쌓아야 한다　28
　　사명감을 가져야 한다　30

2장   적임자의 선정과 유형

1절 누가 적임자인가?   31
적임자 선정을 위한 일정한 기준   31

2절 내가 정치판에서 만난 12명의 인사들   33
김종필 (생명력)   36
정주영 (추진력)   47
문창모 (실천력)   58
김동길 (통찰력)   69
박준규 (촉진력)   77
김영삼 (돌파력)   84
김대중 (설득력)   93
노무현 (결단력)   101
김원기 (지구력)   111
전두환 (장악력)   121
김한길 (기획력)   132
문재인 (?   )   140

3절 적임자 선정을 위한 절차   149
철저한 검증   149
당사자 동의와 자기 검증   151
임명권자의 결정   152

3장   미래는 적임자 협력시대

1절 1인 주도 시대는 끝났다   154
2절 다원적 적임자 그룹시대   156
3절 의원내각제를 통한 적임자 간 협력   156

2부 적임자의 나라 부강한 대한민국을 위하여

1장 권력구조를 바꾸자
의원내각제가 정답이다

1절 권력구조의 비교　161
　책임정치를 위한 권력구조를 선택해야 한다　161

2절 제안 이유와 기대 효과　168
　왜 의원내각제인가　168
　시대 상황에 맞는 권력구조가 필요하다　171
　의원내각제의 기대 효과　174

3절 실천방법과 시기　177
　개헌의 주체는 국민　177
　국민적 합의가 필요　179
　바람직한 개헌 추진 방향　180

2장 적임자를 발굴하고 보호하자
자질과 자격이 있는 책임자

1절 적임자 발굴과 보호　184
　적임자를 기르자　184

2절 적임자의 선출과 임명　186

3절 적임자의 보호와 생존　188
　적임자 보호　188
　적임자의 생존　189

3장   현명한 국민이 되자
철저한 주인의식을 갖자

1절 성숙한 국민의식   193

2절 적극적인 국민행동   194

3절 공공을 위한 대안제시   195

3부 나와 적임자   "아이 낳고 싶은 나라"

1장   어떻게 하면 될까?

1절 정확한 분석과 진단   200
  농촌의 현실   200
  도시의 한계   201
  출산율 감소, 사망률 증가   202

2절 현실적인 대책과 대안   203
  진정한 출산정책   203
  반듯한 나라, 예측 가능한 세상   204

3절 적극적인 참여와 실천   206
  작은 힘도 모으면 큰 힘이 된다   210

2장 누가 할 것인가?

1절 그대가 적임자 211

2절 나도 적임자 216
  나도 적임자가 될 수 있다 216
  역할을 찾기 위한 자성 216
  첫 번째 꿈과 도전 218
  도전과 성공 228
  두 번째 꿈 : 통일된 한반도의 의원내각제 수상 229
  의정활동과 자기관리 231
  적임자 조일현 232

3절 우리 모두가 적임자 234

3장 무엇이 핵심인가?

1절 올바른 선택을 하자 236
  첫째, 의원내각제가 필요하다 237
  둘째, 적임자를 국가지도자로 뽑자 238

2절 대안을 제시하자 239
  부동산 정책 239
  연금 문제 해결 241
  식량자급률 제고 242
  농촌 마을경제 245

3절 사명감과 역할　249
　　반듯한 나라　249
　　사명감을 가진 적임자　249
　　바꾸면 세상이 바뀐다　250
　　정치를 바꾸면 세상도 바뀐다　250
　　읍·면·동장을 별정직에서 일반직으로 바꾼 과정　252

글을 쓰고 나서　260

누가 적임자인가?

1부

적임자 리더십

우리에게는
적임자가
필요하다

1장

적임자

1절 적임자와 책임자

적임자와 책임자의 사전적 정의는 다음과 같다.

적임자(適任者)
어떤 일이나 역할을 능히 감당해 낼 만한 능력과 실력을 갖춘 인물

책임자(責任者)
크고 작은 단위의 조직이나 일의 책임을 맡은 사람

적임자와 책임자의 차이점

　책임자는 조직 내에서 일정 직무를 맡아 처리하는 사람을 의미한다. 책임자에게는 그 직무를 충실히 이행할 수 있는 자질과 자격이 기대되지만 일의 성공이 반드시 보장되지는 않는다. 실력과 능력이 부족하더라도 역할을 부여받을 수 있지만 그런 책임자에게 좋은 결과를 기대할 수는 없는 것이다.
　한편, 적임자는 책임자 중 손색없는 자질과 자격을 갖추고 있으며, 동시에 제3자로부터 신뢰와 인정을 받는 사람이다. 적임자는 자신에게 주어진 직무상의 본분이 무엇인지 이해하고 있을 뿐만 아니라, 그것을 수행할 수 있는 능력이 있으므로 타인의 인정은 자연스럽게 따라오는 결과라 할 수 있다.
　타인의 인정은 다시 적임자에게 유리한 업무 환경을 제공하는 역할을 한다. 일을 수행하는데 많은 시간이 걸리더라도 적임자가 일을 담당한다면 주변 사람들은 마땅히 그럴 만한 사안이라 이해하고 원만한 해결을 기다릴 것이다. 그러나 적임자가 아니라면, 사람들은 의심하고 의혹을 재생산하면서 일을 더디게 하고 어그러지게 할 것이다. 그러므로 국가와 같이 규모가 크고 정책 결정 과정이 복잡하고, 참여자도 많은 조직에서 적임자 선택은 더욱 중요하다.

2절 적임자의 자질

적임자는 씨가 다르다

　적임자와 책임자가 공통분모를 가지고 있다고 하더라도, 모든 책임자가 적임자로 성장할 수 있는 것은 아니다. 사람은 각자 가진 적성과 재능이 다르다. 적성과 재능에 따라 자질이 다르고 특성이 다르다.
　책임자에게 적임자가 해야 하는 일을 맡겼을 때, 책임자는 메뉴얼을 찾아 문제에 해당하는 대안을 반자동적으로 '선택'한다. 그러나 세상에는 정해진 대안을 선택해서 해결할 수 있는 문제와 그렇지 못한 문제가 모두 존재한다. 대부분 사회·정치적인 문제들은 항상 선택을 뛰어넘는 '결정'이 필요하다. 그리고 그러한 결정은 메뉴얼에 없는 경우가 대다수이다. 그렇기 때문에 선택에 익숙한 책임자가 오랜 경험이 쌓여도 결정하는 적임자가 될 수 없다.

정책의 복잡성을 고려할 때, 모든 정책 결정의 정점에는 적임자가 필요하다. 그러므로 책임자 중에 적임자를 구별하고, 그 적임자가 자신에게 적합한 위치에 앉을 수 있게 해야 한다.

적임자의 역할이 있다

사람은 모두 서로 다른 자질과 특성을 가지고 있다. 책임자와 적임자도 구분되지만, 적임자 중에서도 각자의 적합한 영역과 역할이 있다.

리더와 참모 역시 마찬가지이다. 리더와 참모는 서로 맡은 역할이 다르고 그에 맞는 적임도 다르다. 리더와 참모는 직책상 상하 관계에 놓여있지만, 중요도로 본다면 위아래가 없다. 〈삼국지연의〉에서 유비가 제갈공명보다 중요할까? 〈초한지〉에서 장량과 한신은 유방보다 중요하지 않을까?

리더는 훌륭한 적임자인 참모가 있어야 하고, 참모는 훌륭한 적임자인 리더가 필요하다. 다만 리더의 특성을 가진 사람과 참모의 특성을 가진 사람의 역할이 바뀌게 되면 그 효과성이 떨어진다는 뜻이다.

적임자의 자질과 역할

아시아의 금융 부국인 싱가포르에서는 공무에 적합한 적임자를 구별하기 위해 많은 시간과 비용을 들인다. 어렸을 때부터 학업 성적이 우수한 아이들을 뽑아 관리하고 해외 유학 등을 통해 인재로 성장시킨다. 유학을 통해 최신 지식을 습득한 인재들은 학업이 끝난 후 귀국하여 공직 생활을 시작한다.

공무원이 된 이들의 삶은 안락과는 거리가 멀다. 이들은 끊임없는 능력 검증과 시험을 통해 자신의 가치를 증명해야만 한다. 그렇게 검증과 경쟁을 통과한 이들에게만 승진 기회가 주어진다. 정부는 이들이 자신의 능력을 발휘할 수 있는 충분한 시간을 준다. 장관의 경우에도 2번의 임기는 업무 장악과 역량 발휘를 위한 준비시간으로 이해한다. 그래서 장관들 대부분이 3~4번의 임기를 마친 후 퇴임한다. 물론 이들은 세계 최고 수준의 급여를 제공받는다.

그렇다면 한국의 공직 사회는 어떠한가? 선출직과 임명직을 함께 볼 때, 각각의 위치는 적임자들로 선출되었고 임명되었는가? 정부의 최고위 정책 결정에 참여하는 정부 각료들과 청와대 비서진 그리고 거대한 자본을 운영하는 공기업 사장들 중 얼마나 많은 이가 자질과 역할에 맞는 전문성을 쌓아 온 이들일까?

한국 공직 사회는 낙하산 인사가 여전하다. 일생을 아무 관련도 없는 분야에서 경력을 쌓아온 이들이 정부의 구색 맞추기, 보은 인사 등의 명목으로 대한민국의 중요한 공직을 차지하고 있다. 낙하산 인사로 채워진 한국 공직 사회에 혁신과 효과적인 문제 해결 능력을 기대하기는 힘들다. 이들에게 유일하게 기대할 수 있는 것은 '국민에 대한 보은'이 아닌 '정권에 대한 보은'일 것이다.

3절 적임자의 자격

실력을 길러야 한다

실력은 적임자가 갖춰야 하는 제1의 자격이다. 머리는 빌리고 사람을 잘 쓰면 된다고 하지만 결국, 최종 결정을 내리는 사람의 능력이 부족하다면 소용없다. 빌려 쓴 머리를 감당하지 못하고 보조하는 사람들의 제안을 이해하지 못한다면 결정은 오류로 점철될 것이다. 이것이 바로 추진력과 언변만 앞서고 실력이 없는 자에게 결정을 맡겨서는 안 되는 이유다.

싱가포르의 정책 결정자들은 적게는 10년, 많게는 15년을 해당 분야에서 전문적인 지식을 쌓은 전문가들이다. 세계에서 가장 실험적인 정책들이 싱가포르에서 다수 도입되는 이유 역시, 최신 논문을 읽고 새로운 지식을 섭렵하여 정책에 도입할 수 있는 능력을 갖춘 공직자들이 있기 때문이다.

경험을 쌓아야 한다

"경험만한 선생은 없다"고 한다. 사람은 들은 것은 쉽게 잊어버리지만 눈으로 본 것은 기억하며, 직접 말로 전한 것은 지식이 된다. 해 본 것은 경험이 되며, 가르치면 학설이 되고; 주장하면 소신이 된다. 검증되면 이론이 되고 기록하면 유산이 된다. 적임자가 되기 위해서는 적어도 충분한 경험을 쌓아야 한다.

실력을 경험에 빗대어 볼 때, 실력이 상대적으로 학문 차원의 것이라고 한다면, 경험은 실제 정책 운영과 관련한 것이라고 볼 수 있다. 자신에게 주어진 업무의 처리 과정을 전체의 관점에서 조망하고, 할 수 있는 것과 할 수 없는 일을 구분하는 것, 일단의 정책 목표를 달성하는데 필요한 행정적 자원을 가늠하는 것 등이 여기에 해당할 것이다.

더욱이 경험은 행정과 정치 사이에 민감한 사안들을 다루는 방법에 있어서도 단연코 필수적이다. 민주화 이후 정책 결정 과정에서 일반 시민과 그 여론이 가지는 영향력은 작지 않다. 국회 입법 과정에서 여론은 더욱 커다란 영향력을 갖는다. 여론과 입법이 동일한 방향을 설정하고 있는 경우도 있으나 그렇지 않은 경우도 많다. 서로 다른 방향으로 진행되는 경우, 필요한 정책임에도 불구하고 여론에 부딪혀 실행되지 않거나 불필요하게 추진되는 경우도 존재한다.

그러나 오랜 경험은 행정과 정치 사이에서 적임자들이 해야 할 일을 알려준다. 적임자는 국정에 필요한 정책 방향을 이해하고 있는 사람들이다. 경험은 적임자로 하여금 필요한 정책을 끝내 실현할 수 있게 한다. 혹은 거대한 반대 여론을 누그러뜨리기 위해 설득 방법을 강구하거나, 필요하다면 정면으로 맞서기도 한다.

사명감을 가져야 한다

사명감 또한 적임자가 갖추어야 할 중요한 덕목 중 하나다. 비록 실력과 경험을 갖추었다고 하더라도 사명감이 없다면 바른 결정을 기대하기 어렵다. 실력과 경험은 적임자로 하여금 정책의 방향과 효율적인 결정을 미리 가늠하게 하는 요소일 수는 있지만, 옳고 그름을 판단하는 것은 사명감이다.

대한제국 시기에 나라를 일본 제국주의에 팔아넘겼던 친일파들의 기록을 보면, 그들은 하나같이 자신들이 돌이킬 수 없는 상황에서 가장 효율적인 선택을 했다고 자부한다. 과거 군부독재 복역자들 역시 당시 자신들의 행태는 민주주의보다 더 큰 가치를 수호하기 위함이었다고 반박한다. 모두 무엇을 위해 일하고 봉사하는지에 대한 사명감이 없었기 때문에 발생한 치명적인 오판이었다.

사명감은 순간의 유불리에 대한 판단을 억지한다. 사명감은 자신의 업이 존재하는 이유에 대한 공공의 규범적 정의이자 자신을 향한 명령이기 때문이다. 이것은 하루아침에 세워지지 않는다. 오랜 시간 (적임자에게는 실력을 향상하고 경험을 쌓는 기간이 될) 동안 끊임없는 고민에서 만들어지는 것이다.

2장

적임자의 선정과 유형

1절 누가 적임자인가?

적임자 선정을 위한 일정한 기준

　적임자 선정과정에서 가장 우선되어야 하는 것은 기준을 세우는 일이다. 기준을 세우기 위해서는 그가 담당하게 될 업무의 내용과 규모를 설정해야 한다. 운동 종목과 그에 필요한 자격 조건을 모르고서 대표선수를 선발할 수는 없다.

업무와 내용을 정한 후에는 적임자에게 요구되는 능력과 경험 등을 정해야 한다. 특정 업무의 경우, 일정 이상의 학업 능력과 학위가 요구되어야 한다. 가능한 경우라면 시험을 보는 것이 가장 적절할 것이다. 시험은 업무가 요구하는 능력을 목표로 하여, 그 능력의 보유 여부를 확인할 수 있는 가장 효과적이고 객관적인 방법이다. 우리나라의 국가고시가 대표적이다.

이러한 기준이 없는 적임자 선발 과정은 결국 형식적 절차로서 비추어질 뿐 제 식구 챙기기를 위한 목적이거나, 인기 영합을 위한 인사 과정에 불과할 것이다. 우리는 기본적인 자격도 갖춰지지 않은 자들이 후보자가 되어 책임자 청문회에 앉아 있다가, 청문 위원들의 호된 질타를 받는 모습들을 매체를 통해 간간이 접하곤 한다. 그럴 때마다 "청문 위원들이 너무 가혹한 것은 아닌가?" 하는 동정을 보내는 사람들도 있다.

그러나 엄정한 기준이 아닌, '좋은 게 좋은 것이다'라는 식의 인사처리가 국가에 미치는 영향은 단연코 좋지 않다. 위정자들의 보상적 인사 호의는 잘못된 정책 결정을 야기하며 국가 발전을 저해한다.

우리가 청문회를 보면서, 맞지 않은 옷을 건넨 이들과 그

옷을 입으려는 후보자들에게 동정의 마음보다는 냉정한 시선으로 바라봐야 하는 이유다.

2절 내가 정치판에서 만난 12명의 인사들

　적임자를 선택하는데 적합한 기준이 필요하다면, 그 기준은 어떻게 세워야 할까? 앞서 이야기한 능력과 경험 그리고 사명감은 적임자에게 필요한 기본적인 자질이다. 이러한 기본적인 자질과 함께 적임자 선정에는 개인의 업무 처리 방식도 함께 고려해야 할 것이다. 적임자 역시 시공간의 제약에서 벗어날 수 없다. 시간과 공간에 따라 필요한 적임자는 다르다. 강력한 리더가 필요한 시대가 있고, 부드러운 리더가 필요한 시대도 있다.

　물론 동일한 시공간에 속해 있다 하더라도, 담당하게 될 업무의 성질과 조직의 성격 역시 적임자 선정과정에서 고려해야 한다. 유치원에서는 아이들 한 명 한 명에게 따뜻한 관심을 가지는 사람이 선생님으로 적임자이지만, 전쟁터에서는 희생을 각오하고 전장으로 부하를 이끄는 결단력을 가진 사람이 장군으로 적임자이다.

그래서 우리는 적임자의 유형을 구분하고 현재 대한민국에 필요한 적임자의 모습을 고려해야 할 것이다.

적임자를 몇 가지 기준으로 선을 그어 유형화하는 것도 가능하겠으나, 독자들에게는 그러한 구분이 충분히 와 닿지 않을 것이다. 그래서 이 책에서는 우리에게 익숙한 정치인들을 통해 적임자의 특성을 유형화하여 제시하고자 한다.

나는 40년 이상을 정치에 몸 담았다. 군부독재의 대한민국부터 민주주의가 정착한 지금의 대한민국까지 모든 정치판을 몸소 체험했다. 수많은 정치현장 속에서 각양각색의 인사들과 함께한 경험에 비추어 내가 겪은 12명의 적임성을 분석해 보았다.

다양한 크기의 조직을 운영했던 12명의 인사들과 있었던 개인적인 일화를 소개하는 일은 인사들에 대한 입체적인 시각을 제공한다. 입체적인 시각을 통해 독자들은 적임자의 유형을 확인할 수 있을 것이다.

12명의 인사는 다음과 같다.

1) 김종필(생명력)
2) 정주영(추진력)

3) 문창모(실천력)
4) 김동길(통찰력)
5) 박준규(촉진력)
6) 김영삼(돌파력)
7) 김대중(설득력)
8) 노무현(결단력)
9) 김원기(지구력)
10) 전두환(장악력)
11) 김한길(기획력)
12) 문재인(?   )

1) 김종필 (생명력 生命力)

　김종필 총재를 처음 만났던 것은 제13대 총선 출마를 준비하고 있었을 때다. 그때 나는 출마를 위해 신민주공화당 공천을 신청했다. 신청 후 곧바로 당 조직국에서 공천 면접을 보겠다는 연락이 왔다. 김종필 총재가 직접 면접을 본다고 했다.

　면접에 들어가기 전, 내가 가지고 있었던 김종필 총재의 이미지는 엄격한 군부 출신의 권위주의적인 모습이었다. 그런 인물이 갓 나이 서른 된 시골 출신 정치 신인의 말을 귀 기울일까 내심 걱정이 되었다.

　그러나 실제 만나본 김종필 총재는 나의 예상과 매우 달랐다. 김종필 총재는 상대를 존중할 줄 아는 사람이었다. 필요하다고 생각되는 것들을 질문했고, 나의 대답을 신중하게 들어주었다.

　- 원 고향이 홍천이세요?

　"네, 강원도 홍천에서 내 땅 한 평 없는 화전민의 아들로 태어났습니다."

- 정치를 하게 된 동기가 있습니까?

"저는 초등학교를 다닐 때, 학교를 가려면 큰 강을 하나 넘어야 했습니다. 그런데 강에는 다리다운 다리가 하나도 없어서 비가 많이 오면 학교에 갈 수 없었습니다. 그래서 학교를 가지 않아도 결석이 아니고, 늦게 가도 지각이 아니며, 일찍 돌아와도 조퇴가 아닌, 그런 6년 개근상을 탔습니다. 그러다가 4학년 1학기 초, 학교 앞에 근사한 콘크리트 다리가 놓였습니다. 저는 비 오는 날에도 학교를 갈 수 있어서 너무 좋았습니다. 어른들은 그 다리를 국회의원이 놓아주었다고 했습니다. 그때부터 어려운 사람들을 돕는 국회의원이 되겠다는 꿈을 가지게 되었습니다."

- 출마는 처음이지요?

"아닙니다, 했었습니다. 25살 때 11대 총선에 등록하러 갔습니다만, 어르신들이 선거관리위원회까지 찾아오셔서 너무 빠르다고 만류하시는 탓에 등록하지 못하고 돌아왔습니다. 정식으로는 지난 12대 총선에 처음 출마했습니다."

여느 사람이었다면 치기만 가득한 시골 청년의 세상 물정 모르는 소리라 비웃어 넘겼을지도 모른다. 그러나 김종필 총재는 조소를 보이지 않았다. 오히려 내 말에 흥미를 보이며 당시 득표수나 선거 전략, 정책 등을 세심하게 질문하였고, 나의 답변 또한 경청해주었다.

몇 차례 질문과 답변이 오고 간 뒤, 김종필 총재는 생각을 정리한 듯 나의 다짐을 조용히 물었다.

- 자신 있습니까?

"네, 기회를 주시면 승리하겠습니다."

- 알았습니다. 열심히 해 보세요.

그 후로, 나는 신민주공화당으로부터 공천을 받았고 제13대 선거에 당 후보로 출마하였다. 결과는 6명의 후보자 중 차점으로 낙선하였다. 제13대 총선이 끝난 후 3당 통합이 진행되었다. 나는 뜻이 달라 통합에 참여하지 않았다. 그 후로 김종필 총재와의 만남은 없었다.

4년이 지난 이후 나는 1992년 제14대 총선에서 통일국민당 후보로 출마하였고, 3수 끝에 전국 최연소 당선자로 당선되었다. 당선 직후 김종필 총재로부터 당선 축하 전화를 받았다.

김종필 총재와의 직접적인 인연은 자유민주연합과 합당 이후였다. 정주영 대표가 대통령 선거에서 낙선하고 당대표직을 사임한 뒤, 당은 소용돌이에 빠졌다. 대다수 의원들은 집권당인 민자당으로 당적을 옮겼다. 그러나 나는 뜻 없이 당을 옮기는 것에 불만을 가지고 있었기 때문에 당을 지키고 있었다.

이후 '의원내각제'를 주장하는 자민련과 합당하게 되어 김종필 총재를 다시 만나게 되었다. 다시 만난 김종필 총재는 나를 보면서 "잘 오셨어요"라고 인사했다. 내가 "의원내각제 하러 왔습니다"고 답하자, 양손을 굳게 잡으며 웃었다.

이윽고, 제16대 대통령 선거가 시작되었다. 나는 자민련 '지방공약기획단장'을 맡았다. 18개 시·도를 차례로 순회하면서 공약발표를 진행하였다. 매번 해당 시·도에 가기 전에 발표할 공약을 전체적으로 검토하고 조율하였다.

경상남도 공약발표는 창원에서 하기로 정하고 청구동에

있는 후보 자택에 모여 사전 검토를 하였다. 사전 검토가 끝난 후에 점심 식사가 시작되었다. 식사가 한창이던 중에 김종필 총재가 갑자기 화두를 던졌다. "이번 대통령선거를 어떻게 치르면 좋겠느냐"는 말이었다.

선거가 이미 시작된 상태였고, 당시 자민련에 대한 대중지지도가 그리 높은 편은 아니었기 때문에 누구 하나 쉽게 입을 떼지 못했다. 그나마 입을 연 사람들은 캠프 분위기를 해칠까 조심스럽게나마 희망적인 이야기들을 내어놓았다. 그렇게 차례가 돌다가 멈추기를 몇 차례 반복했다.

나 역시 익숙하지 않은 상황이었고, 어려운 자리였기 때문에 묵묵히 밥을 먹고 있었다. 그러자 김종필 총재는 나를 바라보며 생각을 물었다.

- 공약기획단장도 한마디 하세요.

나는 천천히 숟가락을 내려놓으며 말했다.

"솔직한 생각을 말씀드리겠습니다. 후보님 지지율이 현재 2.5%입니다. 노력해도 5% 확보가 쉽지 않아 보입니다. 따라서 이번 대선은 5%의 지지율로 50%의 지분을 먹는 선거를 하는 것이 최선이라고 생각합니다. 그 길은 김대중 후보와 연합하여 승리하는 것이며, 조건은 누가 대통령이 되어도 취임 후 1년 내에 '의원내각제 개헌'을 실천하겠다는 서약의 합의문을 공개적으로 선언하는 것입니다."

내 말이 끝나자 잠시 침묵이 일었다. 그것도 잠시, 이내 집이 소란스러워졌다. 몇몇 사람들은 황당하다는 표정을 지었고, 몇몇은 당장이라도 손가락질을 할 태세였다. 벼락은 후보 옆에서 식사를 하시던 박영옥 여사로부터 떨어졌다.

"공약기획단장이 어떻게 그런 말을 할 수 있으세요?"

나는 반 남은 밥을 눈으로만 먹었다. 사실 김종필 총재도 당황스럽기는 마찬가지였을 것이다. 그렇지만 별말 없이 마저 식사하라는 말만 하였다. 어색한 분위기에서 점심 자리는 그렇게 정리되어 갔다. 떠날 준비를 하려던 차에, 김종필 총재는 나를 불러 세웠다.

- 공약기획단장은 서재로 와서 나 좀 보고 가세요.

서재에 들어서자마자 김 총재는 나의 손을 꼭 잡으면서 조용하게 말했다.

- 정치하는 사람 부인들이 다 그렇죠.

김종필 총재는 이렇게 말하며 분위기를 바꾸었다. 그리고는 조금 전에 식사하며 했던 그 이야기를 다시 이어가 보자고 말했다. 김종필 총재는 김대중 후보와의 통합과 의원내각제 도입에 관한 내 구상을 물었고, 여느 때처럼 경청해 주었다. 30분가량 대화를 하고 난 뒤, 김종필 총재는 충남 공약발표를 다녀올 때까지 두 사람만의 비밀로 하자고 말했다. 그리고는 서약내용이 담긴 합의문 초안을 준비하라고 했다.

충남 공약발표를 끝내고 돌아오는 길에 김종필 총재는 저녁에 당신 집으로 오라고 했다. 자택에 도착했을 때 김종필 총재는 낮에 입었던 옷을 갈아입지도 않은 채 기다리고 있었다. 그만큼 생각이 복잡한 듯했다. 김종필 총재는 공약발표 이후의 상황을 물었고, 나는 "연합해야 할 이유가 더 커졌다"고 말했다.

합의문 초안과 준비한 서류를 건네자 초안을 한번 읽어

보고는 "누가 이 협상을 했으면 좋겠냐?"고 물었다. 나는 김용환 의원이 적임자가 아니겠냐는 의견을 내었다. 나중에 김용환, 한광옥 두 사람이 양당의 협상 대표가 되어 소위 'DJP연합'을 완성했다.

DJP연합은 대선에서 승리했다. 김대중 후보는 대통령이 되었고 김종필 총재는 국무총리가 되었다. 약속했던 1년이 지났으나 약속은 지켜지지 않았다. 김대중 대통령은 내각제 개헌이 곧 실행될 것처럼 이야기했으나, 실질적인 행동은 전무했다.

나는 자민련 내각제 추진위원장이 되어 '의원내각제 개헌 약속을 지키지 않는 김대중 대통령은 노벨평화상을 반납하라'는 등의 구호를 써 붙이고 자민련 당사 지하 대강당에서 집회 시위를 벌였다. 시위를 시작한 뒤로 의문의 압력이 시작되었다. 내용도 알 수 없는 조사를 수차례 받아야 했다. 상황은 점점 더 심각해졌고 급기야 출국금지를 당하기까지 했다. 얼마간 시간이 지나자 김종필 총리는 나를 불렀다. 그러고는 나에게 자민련 당적을 버리고 당분간 자중하기를 권유했다. 나는 고민 끝에, 탈당하고 중국으로 갔다. 그것이

북경대학에서 박사과정을 시작한 계기가 되었다.

  2004년 중국에서 돌아와 제17대 총선을 통해 재선의원이 되었다. 김종필 총리의 축하 전화를 받고 일주일 뒤에 점심 대접을 받았다. 그때 총리는 돌아온 나에게 나지막하게 말했다.

  - 살아남는 자만이 목표한 일을 해낼 수 있다.

  당신의 삶에 대한 고뇌인지, 나에게 하는 말인지 분명하지 않았다. 하지만 평소 바둑을 두실 때 판세가 불리하고, 지고 있는 상황에서도 '대마불사'를 되뇌이신 이유를 알 것 같았다.

  돌아가시기 두 달 전쯤 찾아뵈었을 때 힘드신 모습이었지만 그때의 약속은 잊지 않은 듯 힘주어 말했다.

  - 우리도 내각제를 해야 해요. 조 동지가 포기하지 말고 앞장서요. 나도 힘을 보탤 테니.

  합리적인 지도자로 끝까지 생명력을 이어 오시며 조국과 민족을 위해, '나보다는 가족, 가족보다는 당, 당보다 조국과 민족의 생명력을 이어주신 분'과의 마지막 대화가 되고 말았다.

김종필 총재 자택에서

생명력

잎을 다 떨구고 앙상하게 겨울을 나는 나무는 죽은 것이 아니다. 봄이 되면 거친 나무 줄기 사이로 새순이 돋는다.

뿌리가 살아 있으니 잎은 언제든 다시 피울 수 있다.

잘려진 나무토막은 물에 떠내려가지만, 살아 있는 나무는 물살을 견디고 버티어 낸다. 무게가 무거울 때는 무게를 줄이고, 힘겨울 때는 쉬어 가는 여유가 필요하다.

살아남는 사람만이 결국 무엇이든 이룰 수 있는 법이다.

2) 정주영 (추진력 推進力)

나는 제13대 총선에 신민주공화당 후보로 출마하여 홍천 지역구에서 차점으로 낙선했다. 하지만 3당 통합에 동참하지 않고 탈당한 후 지역구 활동을 하고 있었다.

제14대 총선을 앞둔, 1992년 2월 어느 날 새벽 춘천의 손승덕 전 의원으로부터 한 통의 전화가 걸려왔다. 손승덕 의원은 제13대 총선 때 같은 신민주공화당으로 출마했었기 때문에 자주 인사를 나누던 관계였다. 그러나 이른 새벽에 걸려온 전화에 나는 놀라서 무슨 일인지 물었다.

- 지금 조 위원장 집으로 가고 있으니 30분 후에 집 앞에서 봅시다.

약 30분 후 승용차 한 대가 도착했다. 차에서는 손 의원님과 빵떡모자를 쓴 한 사람이 수행원과 함께 내렸다. 모자를 쓰고 있던 사람은 말로만 듣던 정주영 회장이었다.

"집사람이 차를 준비하고 있습니다. 올라가시죠."

전화를 받고 한 번, 차에서 내린 정주영 회장을 보고 또다시 놀란 나는 허둥지둥하며 두 분을 집으로 모시겠다고 했다.

- 됐다.

정주영 회장은 함께 서울로 가자고 했다. 나는 옷도 갈아입지 못한 채 납치를 당하듯 차에 탔다. 차는 그 길로 내달려 서울 종로구에 있는 내자호텔에 도착했다. 도착과 동시에 준비된 식사와 차가 나왔다. 그러면서 정주영 회장 옆에 앉아있던 손 의원은 통일국민당 창당 취지를 간단하게 설명하더니 이내 내게 입당을 제안했다. 집에서 출발한 지 몇 시간도 채 되지 않은 시점이었다. 제안마저 간결했다.

- 같이 하자.

추진력 하나만큼은 남 못지않게 가지고 있다고 자부하던 나였다. 하지만 이른 아침에 걸려온 전화를 받고 영문도 모른 채 차에 합승해 서울에 와 식사를 하며 서로 만난 지 채 몇 시간도 되지 않은 상황에서 입당을 이야기하고 있는 자신을 보며 나는 정주영 회장의 엄청난 추진력에 감탄하지 않을 수 없었다.

결국 나는 두 사람의 권유에 입당을 결정하고 지구당 창당에 들어갔다. 이어진 제14대 총선에서 나는 전국 최연소 당선자로 당선되었다. 당 성적 역시 나쁘지 않았다. 당은 비례대표까지 총 31명이 당선되면서 원내 제3당이 되었다.

6월 1일 국회 개원을 앞두고 정주영 회장은 소속 의원들에게 똑같은 검은색 소나타를 한 대씩 주었다. 소속 의원들은 모두 같은 모양의 차를 타고 저녁 6시에 청운동 정주영 대표 집에서 열린 부부동반 가든파티에 참석했다. 파티에는 숯불에 구워진 소고기와 다양한 술이 마련되어 있었으며, 참석자들은 사회자 지명에 따라 노래를 불러야 했다. 나는 막내인지라 밤 11시가 다 되어서야 차례가 왔다.

무대로 나가면서 문득 늦은 시간까지 사회를 보고 있던 사회자와 건반을 치던 악단들과 눈이 마주쳤다. 의원들이 맘껏 먹고 노래하는 동안 물 한 잔, 고기 한 점 먹을 시간과 여유가 없었던 그들의 지친 모습이 눈에 들어왔다. 긴장도 상당히 했을 터였다. 생각이 거기까지 미치자 나는 지갑을 꺼내 들었다.

"가진 부자 정주영 대표 집에 와서 쓰는 부자 조일현이 돈 좀 쓰겠습니다."

나는 지갑 속의 돈을 모두 꺼내 건반 위에 올려두고 노래를 부르기 시작했다. 그날은 유심초의 '사랑이여'라는 노래를 했다. 반주에 노래를 맞추어 부르는 게 정상인데 음치 중의 음치인 형편없는 나의 노래에 악단이 반주를 맞추어 준 덕분에 앵콜송까지 불렀다.
그날 이후 정주영 대표는 나를 볼 때마다

- 아, 쓰는 부자 오셨군요.

하며 적지 않은 술값을 주시곤 하셨다.
정주영 후보는(통일국민당 대통령 후보가 된 이후부터) 매일같이 전국으로 유세를 다녔다. 당시 나는 나이 어린 젊은 의원이었지만, 정주영 후보는 나에게 동행을 요청하였고 나는 가능한 한 유세에 동참하였다. 유세하는 동안 함께 이동하고 식사하며, 나는 그의 말과 행동을 가까이서 접할 수 있었는데, 무일푼으로 시작하여 거대 기업을 만들어 낸 한 사람의 인생을 보며 귀중한 배움을 얻을 수 있었다.

한참 대선이 진행되고 있던 어느 날, 정주영 후보가 나를 급히 찾는다는 연락이 왔다. 나는 서둘러 국회에서 광화문 당사 대표실로 갔다. 그곳엔 여러 분이 계셨다.

당시 당사는 언론회 주관 관훈 토론회 준비로 바쁜 상태였다. 대표실로 들어가니 정주영 후보는 내게 토론회에 같이 가자고 하시며 몇 가지 의견을 물으셨다. 어느 정도 의견 조율을 마친 후에, 함께 준비된 차를 타고 서울신문사로 출발하였다. 앞에는 운전기사와 내가 탔고 뒷좌석 왼편은 양순직 최고위원, 오른쪽 좌석은 정주영 후보가 탑승했다. 차가 출발해서 덕수궁을 지나 프라자호텔을 향할 때쯤, 양순직 최고위원이 말했다.

- 후보님 질문 중에 여자관계에 대한 질문이 있다고 합니다. 준비하십시오.

그리고 나서 10초 정도 지났을까? 정주영 후보는 갑자기 앞자리에 앉은 나의 어깨를 치면서 물었다.

- 어떻게 대답해야 합니까?

갑작스러운 질문이기도 하였고, 그런 경험이 없었던 터라 나는 무척 당황하지 않을 수 없었다. 그렇지만 또렷하게 대답했다.

"솔직하게 말씀하세요."

잠시 후, 차는 서울신문사에 도착했다. 정주영 후보도 마지막으로 답변을 가다듬은 뒤 토론회장으로 이동했다. 토론회는 바로 시작되었다. 바로 세 번째에 문제의 그 질문이 있었다.

- 정 후보께서는 여자관계가 복잡하다는 말이 있습니다. 실제로 그러하십니까?

질문자는 정주영 후보가 대답하지 못할 것이라 예상하고 좀 더 험한 질문을 던질 자세였다. 질문을 받은 정주영 후보는 잠시 머리를 숙였다가 약간 상기된 표정으로 고개를 들며 답변을 시작했다.

- 네, 제가 학교 선생님이나 성직자처럼 깨끗하지는 못합

니다. 그러나 끝난 뒤에 정리를 확실히 해서, 지금은 불만 가진 사람이 한 명도 없습니다.

정주영 후보의 퉁명스럽지만 솔직한 대답에 함께 조금은 긴장했던 청중들과 질문했던 기자는 박장대소했다. 정주영 후보의 솔직한 답변이 있은 이후, 그와 같은 질문은 그 뒤로 전혀 나오지 않았다.

관훈토론회가 끝나고 정주영 후보는 웃으며 인사를 건넸다.

- 대처방법을 잘 말해줘서 고맙다.

생각을 정리하고 실행에 옮기는 것은 머리부터 입까지 30cm도 되지 않는 거리지만, 실제로 생각을 행동으로 옮기는 데는 많은 시간이 걸리기 마련이다. 당혹스러울 수도 있는 조언이었으나 짧은 시간에 결정하고 실행이 가능했던 것은 분명 그가 가지고 있었던 추진력 덕분이었을 것이다.

대선 패배 후 정주영 회장은 당 대표직과 의원직을 내려놓고 탈당했지만 함께하는 동안 정주영 회장과 많은 추억을 쌓을 수 있었다. 까만 비닐봉투에 떡과 대추 같은 소소한 것들을 담아 와서는 스스럼없이 나누어 주고, 소탈하게 함께 먹기도 했다. 그 외에도 목숨까지 위태로웠던 순간을 함께했던 헬기 논바닥 착륙 사건 등 많은 인연을 나누었다. 그러면서 나는 정주영 회장의 인간적인 모습과 함께 많은 장점을 보았다.

내가 중국 북경대학에 있을 때 정주영 회장이 돌아가셨다. 그 분이 돌아가셨을 때 나는 북경 현지에 있는 현대빌딩에 마련된 빈소에 찾아가 지난날을 회상하며 오랜 시간 머물다 돌아왔다.

정주영 회장과 같은 추진형 적임자는 역시나 기업가에 어울리는 유형이다. 그의 본질과 성품은 기업가로 적임자였다. 추진력과 순발력은 지도자의 선택에 따라 말단 직원까지 유기적으로 움직일 수 있는 조직에는 유용할 수 있지만, 정치 조직은 그러한 조직과 거리가 멀다. 정치 조직은 저마다 자신의 주장으로 똘똘 뭉친 사람들이 다시 얼기설기 뭉쳐서 만들어진 조직이다. 당도 그렇고 국가 역시 마찬가지이다. 이렇게 만들어진 조직은 유기적으로 운영되는 것처럼 보이다 가도 그렇지 않은 경우가 반드시 발생하기 마련이다.

그래서 강력한 추진력이 있다고 하더라도 지도자의 마음과 달리 업무속도가 나지 않거나, 업무 자체가 어그러지는 경우도 비일비재하다.

정주영 대표와 함께

추진력

　망설이는 사람에게 기회는 없다. 열 가지 방안보다 한 번의 실천이 필요하다. 그 중심에 추진력이 있다. 엉성한 돌다리라 할지라도 물을 건널 수만 있다면 추진력이 있는 사람에게 그것은 수단이고 방법이 된다. 추진력이 중요한 이유다.
　목표를 향하여 해내고자 하는 의욕과 할 수 있다는 자신감, 해내고야 말겠다고 돌진하는 강한 추진력은 불가능해 보이는 일마저도 가능하게 한다.

3) 문창모 (실천력 實踐力)

나는 어렸을 때부터 문창모 박사와 관련된 일화를 숱하게 들으며 자랐다. 그는 많은 사람들이 익히 알고 있는 인물이자 위인이었다. 3·1절 만세운동에도 참여하신 분인 데다, 그가 보인 꾸준한 선행으로 한국의 슈바이처로 소개될 정도였다. 크리스마스 씰, 로터리 클럽 등 당시 우리나라 사람 중에서 '문창모'라는 이름을 들어보지 못한 사람은 없을 것이다. 그런 인물인 문창모 박사와 나의 만남은 제14대 총선에서 당선된 뒤에야 이루어졌다.

제14대 총선에서 나는 전국 최연소로, 문창모 박사는 최연장자로 당선되었다. 박사님과 나는 무려 50살 차이가 났다.(조일현 36, 문창모 86)

등원하고 몇 달이 지나지 않은 어느 날 문창모 박사가 갑작스럽게 내 사무실을 방문했다. 그는 사무실 의자에 앉자마자 내게 대뜸 말했다.

- 조일현이 너 앞으로 나보구 창모형이라고 불러라.

나이로도 사회적으로도 어른이었던 분의 갑작스러운 요청에 나는 당황할 수밖에 없었다. 그런데 문창모 박사는 놀란 내게 재차 말했다.

- 얼른 '창모형' 하고 불러봐.

내가 무어라 말하지 못하고 주저하고 있자 문창모 박사는 큰 소리로 다그치듯 말했다.

- 어서!

나는 어쩔 수 없이 작은 소리로 말했다.

"창모 형님."

그러자, 문창모 박사는 단호하게 말했다.

- '님' 자는 빼고!

그 뒤로 나는 국회에서 아버지보다 연세 많은 형님을 모시게 되었다. 하지만 문창모 박사는 호칭만 형, 동생이라고 하지 않았다. 그는 자신을 형으로 부르라는 요구 외에 나에게 권위적인 모습을 보인 적이 없었다.

가까이에서 지켜본 문창모 박사는 희생과 봉사 정신을 몸소 실천하시는 분이었다. 그러한 선한 의지를 인간의 몸으로 온전히 실천하는 게 가능하다면 바로 이런 모습이 아닐까 싶었다. 입만 살아있는 정치인이라는 국회의원에 대한 오명은 문창모 박사에게는 결코 해당되지 않았다. 그는 당신이 가지고 있는 부와 명예를 오로지 어려운 이웃과 나누려고 노력하는 인물이었다. 화장지를 일력장으로 대신하였고 그마저도 몇 장으로 찢어서 사용했다. 문창모 박사는 그렇게 아끼고 아낀 돈을 모아 이웃을 위한 재단에 기부하였다.

제15대 총선에서 지방 언론사의 어처구니없는 허위 기사로 인해 498표 차이로 낙선을 하고 지역 활동을 하고 있을 때, 함께 알고 지내던 문창모 박사의 친구분 장례 소식을 접했다. 나는 문창모 박사를 모시고 장례식장으로 이동하기 위해 원주 일산동에 있는 그의 이비인후과 의원으로 향했다.

이미 진료시간이 한 시간밖에 남아 있지 않은 늦은 시간인 터라 병원 내부는 한산했고 겨우 몇 명의 환자가 대기하고 있었다. 나는 마지막 순번으로 대기하던 환자의 진료가 끝난 것을 확인한 후, 진료실로 들어가 박사님을 모시러 왔다고 말씀드렸다. 그러자 문창모 박사는 진료 마감시간은 지켜야 한다고 말했다. 진료실에서 대기하면서 우울해 하실까 실없는 농담을 건넸다.

"의원님 제가 면허증은 없어도 의원 출신인데 저에게 병원을 빌려주시면 제가 6:4로 이익을 드리겠습니다."

그러자

- 조 의원이 동업하자면 좋지.

나는 말을 이었다.

"그러면 진료할 때 얼마만큼 찌르는지만 가르쳐 주세요."

이렇게 물었더니

- 어, 그건 아주 간단해. '아야!' 할 때까지만 찌르면 돼.

그는 이렇게 말하고는 되려 걱정하는 나를 챙겼다. 지인의 죽음으로 인해 개인적으로 힘든 상황에서도 의사로서의 원칙을 실천하는 모습에 놀랐고, 재치 있는 입담으로 상대의 마음을 어루만져주는 그 마음에 재차 놀라지 않을 수 없었다.

그날 내가 느낀 문창모 박사에 대한 놀라움은 거기서 끝이 아니었다. 그는 진료시간이 끝나자 옷을 갈아입고 병원 문밖을 나왔으나 문상객의 차림이라고 하기엔 다소 이해가 가지 않는 복장을 하고 나타났다. 바로 빨간 넥타이 때문이었다.

나는 급히 문창모 박사에게 달려가 빨간 넥타이를 매고 나오셨다고 말했지만, 그는 대꾸도 하지 않고 내게 빨리 가자며 재촉했다. 나는 어쩔 수 없이 빨간 넥타이를 한 그와 함께 상갓집에 도착했다. 상갓집 앞에는 황덕불을 해놓고 동네 분들이 불가에 모여 문상객인 우리를 바라보고 있었다. 순간 나는 좀 머쓱했다. 빨간 넥타이가 계속 신경 쓰였기 때문이었다.

문상이 시작되었다. 문창모 박사는 교회 장로였기에 영정

앞에서 무릎을 꿇고 기도를 하였다. 나도 그의 옆에서 자리를 함께 했다. 문창모 박사는 기도를 시작하자마자 눈물을 터뜨리며 오열했다.

― 야, 이 사람아 내가 아흔둘인데 자네가 먼저 가면 어떻게 하나? 지난번 자네가 외국 갔다 오면서 이 넥타이를 선물로 주면서 한번 같이 식사하자고 하지 않았나? 하나님께 먼저 가시게, 또다시 만나세나.

나는 그제야 이해할 수 있었다. 그리고 성급하게 상대의 진심을 헤아리고 판단했던 스스로가 창피해졌다. 돌이켜보면 당시 그즈음의 나에게 가장 큰 영향을 주었던 경험이었다. 황덕불 앞을 지나서 상갓집을 나올 때는 처음 들어갈 때 느꼈던 어색함이라곤 온데간데없이 사라졌다.

그 일이 있은 지 3년 후, 문창모 박사는 의사라는 직함을 스스로 내려놓았다. 그때 나는 중국 북경에서 유학을 하고 있었고 방학 기간 동안 한국에 잠시 들어와 있을 무렵이었다. 그를 다시 찾아갔는데 문창모 박사는 이미 많이 쇠약해진 상태였다. 정신이 드실 때면 방 문틀 위에 걸어 놓으신, 먼저 가신 사모님 사진을 가리키면서 말씀하셨다.

부친의 부고를 알리지 않았으나 뒤늦게 방문하여 위로해주시던 문창모 의원

- 나 이제 애인 만나러 간다.

왜 그 말 한마디가 아직까지도 이토록 가슴에 사무치는지 모르겠다.

나는 그 날 창모형 집에서 오랜 시간 머물렀다. 거실에 놓여있는 소파에 앉아 가끔이라도 좋으니 형이 동생을 알아봐

주기를 기대하고 기다리면서, 과거 창모형의 모습을 마음속으로 수차례 그려보았다. 짜장면을 먹을 땐 항상 사이다를 마시면서 장학회를 이끌던 모습, 환자의 병은 의술이 아닌 정성과 마음으로 고치는 것이라며 최선을 다하던 모습, 매번 화장지 대신에 일력장을 사용하던 검소한 모습, 냉면은 가위로 자르는 것이 아니고, 한끝은 그릇에 있고 한끝은 뱃속에 두고 입으로 우물우물 먹는 것이라고 하며 맛나게 먹는 모습 등이 어제 일처럼 눈에 아른거렸다.

문창모 박사는 주변 지인들에게도 마음을 다했다. 지인을 위해 보증도 주저하지 않고 도왔는데 그것이 잘못되어 직접 운영하던 병원과 살던 집이 이미 경매로 넘어간 상태였다. 70세가 넘으신 아드님 내외가 그 사실을 숨긴 채 뒷일을 감당하고 있었다. 정말 훌륭한 분들이었다.

내가 중국으로 돌아간 후 얼마 되지 않아 그가 별세했다는 소식을 들었다. 나는 '영원한 표상이 창모형'이라는 제목으로 강원일보에 글을 기고하면서 또 한 번 그와의 추억을 더듬었다.

2004년 중국에서 학위를 받고 돌아와서 대전 현충원을 찾아 고이 잠들어 계신 묘지 앞에 뒤늦은 조화를 바치며 창모형의 명복을 빌었다.

내가 기억하는 문창모 박사는 희생과 봉사정신을 몸소 실천하신 분이다. 실천형 적임자는 사회에 자신의 선한 의지를 마음껏 실현할 수 있는 사회활동(가) 분야에 적합하다. 그러한 점에서 문창모 박사에게 주어진 의사와 사회운동가라는 직함은 매우 적절해 보인다. 그는 진정한 실천가였다.

기고

영원한 표상 창모형!

조일현

조의원 중국서 언제 왔어? 어머니랑 집 식구는 잘 있지? 귀한 동생이 왔으니 내가 일어나야지… 하시며 수척한 모습으로 힘겹게 옷을 입으시고는 유난히 작은 눈에 눈망울보다도 큰 눈물을 고이시고 먼하니 한참을 바라보신 후, 좀처럼 안 하시던 말씀을 퍽 많이 하셨습니다. 그리고는 나를 보고 "나보다 더 열심히 살아라. 세상이 너무 짧아…"

예, 7월말 방학을 하면 찾아 뵙겠습니다. 했더니 그래, 하셨던 형이 정말 가셨단 말인가. 이것이 지난 1월 12일 설날 오후 2시쯤 세배를 가서 뵈온 창모형의 마지막 모습이 될 줄이야! 창모형, 방학이 아직 멀었는데 왜 평생을 한번도 어긴 적이 없다는 약속을 뒤로 하셨습니까?

제 14대 국회를 처음 개회하던 날 형은 참 멋있었습니다. 최고령 당선자의 자격으로 임시의장을 보실 때 그 당당하고 카랑카랑한 목소리는 81세라는 사실을 모두 의심케 했습니다.

그날 오후, 형은 저의 방을 직접 찾아오셔서 조일현이가 막내 국회의원이야? 처음과 끝을 강원도가 다 했구나. 조의원 서른 여섯이면 내가 반백을 접어도 형이다. 너 오늘부터 나보고 형이라고 해라. 한번 불러봐. 하셔서 제가 머뭇거리자 또 재촉을 하셨고. 제가 문창모 형님 했더니. 그 앞에 문도 빼고 뒤에 남도 떼고 그냥 창모형이라고 해라 하셔서 제가 큰소리로 창모형 했더니만 참 잘했다고 하시며 형제된 기념으로 달고있던 배지를 교환해 달자고 하셨습니다. 그날 이후 형과 동생이 되어 늘 사석에서는 창모형으로 불렸고, 그때마다 즐거워 하시며 사랑을 주셨습니다. 특히 통일국민당이 무너질 때 서로 바꾼 배지를 매만지며 지조와 의리를 지키는 형제가 되자고 다짐하시던 날 함께 감격하여 명랑막국수집에서 쏟은 육수사건은 잊을 수가 없습니다. 그런 동생과의 인연을 이렇게 훌쩍 가져가실 수가 있으십니까?

창모형! 형은 저의 영원한 표상이며 지울 수 없는 그림자입니다.

못 다한 은혜를 형께서 마지막 주신 "나보다 더 열심히 살라는 말씀의 의미를 새기고 실천하여 보답하겠습니다. 그 약속과 다짐을 묶어 형께서 생전에 창모형 이라고 부르며 주셨던 특권의 날개를 형의 영전앞에 그립고 아쉬워 흐르는 눈물에 띄워 바칩니다. 창모형 잘 가세요"

박사님은 일생을 통해 자신의 연세보다도 더 많은 상장과 상패, 감사패, 메달과 훈장을 받으셨습니다.

굳이 그런 것을 나열하지 않아도 박사님의 고결하고도 훌륭한 삶은 이미 이 세상 모두의 가슴에 승화되신지 오래되었습니다. 결코 지지않는 저 하늘의 별이 되셨습니다. 평소 박사님께서는 살아생전 항상 먼저가신 사모님의 사진을 자신의 방문 위에 걸어 놓으시고 언제나 바라보며 쉬신다고 하셨습니다. 그런 그 말씀은 젊은 저에게는 큰 교훈이자 선물이었습니다.

저의 영원한 표상 고(故)문창모 박사님!

멀리 이국 땅에서 박사님이 누워 계신 곳을 향하여 엎드려 울고 사죄하며 기도합니다. 부디 아름다운 하늘나라에서 못내 그리워 하시던 사모님과 함께 편히 쉬십시오!

끝으로 박사님께서 영롱한 별과 같은 삶을 사실 수 있도록 성심과 효성으로 지키고 모셔주신 가족, 특히 "아무래도 우리 할아버지가 오래 못 사실 것 같다."며 눈시울을 붉히시던 상주 내외분께 충심으로 존경과 감사를 드리며 한없는 위로의 인사를 올립니다.

<前국회의원·중국북경대박사과정>

강원일보(2002. 3. 18) 기고문

실천력

　언행일치의 삶을 실천하기는 쉽지 않다. 게다가 자신이 가진 선한 의지를 남을 위해서 실천한다는 것은 더욱 어려운 일이다. 작은 약속이라도 약속한 것은 반드시 지키고, 자신이 하고자 하는 일을 위해 꾸준히 노력하는 실천이 진정한 실천이다. 티 안 나는 작은 약속일지라도 실천이 중요하다.
　굴곡진 곳은 돌아가고 파인 곳은 넘어가면서도 갈 길을 가는 강물처럼 일관성 있는 실천력이 있어야 사회는 더 아름다워진다.

4) 김동길 (통찰력 洞察力)

누군가에게 김동길이라는 인물은 박사나 교수라는 호칭이 익숙할지도 모르지만, 나는 그를 대표님이라고 부르는 게 익숙하다. 김 대표의 트레이드마크인 멋있는 콧수염과 나비넥타이는 결코 잊혀지지 않는 그러나 실천해 볼 수도 없는 영원한 선망의 모습이다.

김동길 대표와 통일국민당 국회의원 후보가 되기 전에는 직접 만나 대화를 나눈 적은 없었다. 그러나 특별한 사건으로 인해 1993년부터 지금까지 정치인 조일현의 후원회장을 줄곧 도맡아 해주며 지금까지 인연을 함께하고 있다.

통일국민당 지역구 후보로 김동길 대표와 나는 제14대 국회의원이 되었다. 하지만 정주영 회장이 대통령 선거에서 낙선한 후, 당무 회의에서 갑작스럽게 대표직을 사임하고 탈당 선언을 하면서 당사가 문을 닫게 되었다. 졸지에 천막당사의 혹한살이가 시작된 것이다.

대표가 떠나고 당사 문이 닫히자 소속 의원들은 동요하기 시작하며 의원들이 한 명, 두 명 빠지기 시작했다. 대다수 의원들은 집권당인 민자당으로 소속을 옮겼다. 통일국민당 의원은 최종 4명만 남게 되었다. 그때 마지막으로 남아 당을 지켰던 최후의 4인은 지역구 출신의 김동길, 조일현과 비례대표였던 문창모, 강부자 두 분이었다.

강부자 의원은 정주영 대표의 비례직을 승계했다. 마지막까지 남아 함께 당을 지켰던 것이 계기가 되어 조일현 후원회가 결성될 때마다 후원회장 김동길, 부회장 강부자, 고문 문창모 의원이 나의 든든한 후원자가 되어 주었다. 문창모 의원은 작고하였지만, 김동길, 강부자 의원은 여전히 변함없는 성원을 보내주고 있다. 참으로 한없이 감사하고 고마운 일이다.

천막당사를 시작하면서 김동길 의원은 자의 반 타의 반으로 당 대표가 되었다. 나는 당 정책위 의장직을 거쳐 대변인직을 맡았다. 이렇게 해서 김동길 대표와 나의 인연이 당 대표-대변인으로 이어진 것이다. 그와 함께하는 시간동안 나는 정치와 인생에 대해 많은 것을 배울 수 있었다.

그중에서도 어떤 이슈가 발생할 때마다 이를 전체적인 시각에서 조망하고 원인과 결과를 명쾌하게 설명하는 통찰력은 내가 그로부터 배운 가장 값진 덕목이다. 역사학자 출신인 김동길 대표는 현상을 관찰할 때 특정 시점이나 단면만을 고려하지 않았다. 그는 전체를 조망하는 법을 알고 있었다. 또한 당신의 개인적인 느낌은 최대한 제한하고, 객관적이고 계량적인 근거를 통해 내용을 전달했다. 그가 설명하는 사안의 인과는 분명했으며, 명쾌할 뿐만 아니라 설득력 또한 높았다. 역사를 교훈으로, 지식을 양식으로, 인생의 신념과 철학을 실천하고 계몽하는 김동길 대표는 이 시대의 통찰력을 지닌 지도자이다. 통찰력은 김동길 대표가 어떤 상황에서도 주저하지 않고 주어진 일을 명쾌하게 해결할 수 있게 하는 근원 같았다.

한번은 그가 유신시대 감옥에 갔던 경험을 내게 말해주었다. 박정희 대통령이 3선 개헌을 위하여 국민투표를 할 때 모든 공직자와 사회단체를 동원하여 찬성투표를 독려하던 구호가 소위 '찬성은 있어도 반대는 없다'고 말하던 시절이었다.

그 당시 김동길 대표는 역사학자로서 또 민주주의를 가르치는 교수로서 듣고 있을 수만은 없었기에 민주주의 국가의 투표에서 '찬성할 권리가 있으면 반대할 권리도 당연히 있다'는 주제로 기고했다. 그 후 기고문에는 긴급조치 위반 항목 딱지가 붙게 되었고, 이 문제로 인해 그는 상당 기간 서대문 형무소에 수감되었다.

당시 1심 재판에서 징역 10년을 구형 받았는데, 이후 재판부의 선고 직전 재판장은 김동길 대표에게 최후진술 기회를 주었다고 한다. 이때 김동길 대표는 어떠한 형량이 주어져도 절대 항고하지 않겠다는 의사를 밝히자, 재판장이 왜 항고하지 않느냐고 반문을 하더란다. 이에 김동길 대표의 진술은 명쾌했다.

- 내가 일찍 나간다 해도, 다시 들어올 것이 뻔하기 때문에 들어온 김에 계속 교도소에 있는 게 나을 것 같기 때문이다.

재판이 끝나자 그는 1심 형량대로 서대문 형무소에서 수감생활을 계속하였다. 이는 당신이 한 일에 대한 분명한 믿음의 표현이자, 그 믿음에 대한 확고한 맹세에 가까웠다고 생각한다.

아이러니한 일은 형 집행 정지로 중간에 석방되면서 항소한 사람들보다 하루 먼저 출소했다며 웃었다. 항소한 사람들은 항소했기 때문에 법적 처리 절차가 하루 더 걸렸기 때문이었다고 한다.

나는 근 30년 동안 김동길 대표를 나의 후원회장님으로 모시고 필요한 사안과 내용을 의논하고 자문과 도움을 받고 있다. 그를 찾아갈 때마다 강연과 기고문에서 볼 수 있는 그의 모습 그대로 '이게 뭡니까?'라며 문제를 제기하고 정연한 논리로 문제의 원인을 설명한 다음, 마지막에는 '이렇게 돼야 하는 것 아닙니까?'라며 말을 끝낸다. 그런 방식은 그 누구도 쉽게 따라할 수 없는 김동길 대표만의 경륜에서 나오는 것이라 생각한다.

대체로 많은 분들은 김동길 대표를 보수색이 짙은 인사로 묘사한다. 그러나 내가 느끼는 김동길 대표는 그렇지 않다. '합리적 보수'라는 일부 평가들에 대해서는 어느 정도 이해할 수 있지만 그러한 평에도 온전히 동의하기는 힘들다. 내가 김동길 대표를 대변한다면 '시대를 앞서가는 진보적인 분'이라는 것이다.

김대중 전 대통령이 일본에서 납치되었다가 귀국했을 때 가장 먼저 동교동에 면회를 가신 분이 김동길 대표이다. 또한 박정희 전 대통령이 3선개헌을 밀어붙이며 지식인들에 대한 서슬 퍼런 감시를 강화하고 있었을 때에도 그는 앞장서서 정권의 불법성을 주장했고 결국 긴급조치 위반으로 교도소에 갔던 분이다. 다만, 공산주의자들은 타도의 대상이지 협상의 대상으로 보는 것은 위험한 일이라는 그의 일관된 주장에 대해서는 자신의 경험적 지론을 확신하는 분이라고 이해하고 있다.

2021년 94세가 되셨음에도 김동길 대표는 여전히 활발하게 활동하고 있다. 변함없이 조국과 민족이 나아가야 할 길을 제시하며 국민에게 깨우침을 강조한다. 당신의 앎을 바탕으로 세상을 통찰하고, 그 결과를 막힘없이 실천하며 평생을 살아온 그 용기는 많은 사람들에게 귀감을 준다. 그는 대안을 가지고 문제의 핵심을 볼 줄 아는 '통찰형 적임자'이다.

김동길 대표와 함께

통찰력

딱 보고 안다. 딱 보면 말할 수 있어야 한다.

어떤 사물이나 사회 현상을 보고 자신의 생각을 정의할 때는 물론이고, 일을 판단하고 결정할 때는 전체적이고 객관적인 입장에서 해야 한다. 그렇게 하기 위해서는 전체를 볼 수 있는 시각과 객관성을 담보할 수 있는 통찰력을 길러야 한다.

5) 박준규 (촉진력 促進力)

대부분 조직의 일은 누군가의 결정으로 시작하지만 결과는 과정을 통해 완성되고 만들어진다. 그 과정은 다양한 변수가 존재하는 불확실성의 영역이다. 이때 일의 효율을 촉진해 줄 수 있는 존재가 있다면 그 일의 추진 과정 중에 일어날 수 있는 불협화음을 줄일 수 있다. 또한 조직의 성공 가능성도 높아질 것이다.

국회는 국가 운영의 중추로서 입법을 담당하는 기구이다. 그러나 행정부, 사법부와 달리 국회에는 다양한 의견을 주장하는 지역 대표자들이 각기 다른 목적을 위해 모이다 보니 업무가 추진되는 과정이 어렵고 복잡하며 불확실하다.

그러한 국회에서 입법 과정을 순탄하게 만들 수 있도록 조화와 추진력을 발휘할 수 있는 촉진자 역할이 국회의장이라 할 수 있다. 선수가 높은 여당 의원 중에 국회의장을 선출하는 관례 역시 그의 촉진자로서의 역할에 대한 기대에 근거한다.

박준규 전 국회의장은 국회의 수장으로서 촉진자 역할을 가장 분명하게 보여준 분이라고 생각한다. 항상 환한 미소를 띠고 있지만, 때로는 집권세력의 요구에 의사봉을 드는 악역도 마다하지 않았다. 그러한 모습 모두 국회가 본연의 임무에 충실할 수 있도록 의장으로서 맡은 소임을 다하기 위한 노력의 결과일 것이다.

박준규 국회의장은 평소에도 여야 구분 없이 국회의원들을 진심으로 대하면서 원만한 관계를 유지하기 위해 노력하는 인물이다. 내가 초선 시절에도 그는 한참 어린 후배에게 먼저 다가와서 후한 격려를 해 주었다.

1992년 정기 국회 대정부 질문이 시작되었던 때다. 대선이 끝나고 열리는 국회인지라 어수선한 분위기 속에서 국회가 열렸다. 특히 통일국민당은 진통이 대단했다. 우리 당 원내총무가 갑자기 나를 찾았다. 그러고는 우리 당 이 모 의원이 대정부 질문을 하기로 되어 있었는데 탈당을 해서 대정부 질문을 담당할 사람이 없자 내가 대신 맡아 주었으면 좋겠다고 말했다.

첫 대정부 질문인데다 하루도 채 남지 않은 상황 속에서 대정부 질문을 준비하기에는 시간이 턱없이 부족했다. 총리를 비롯한 전 국무위원을 상대로, TV를 통해 전 국민이 지켜보는 가운데 진행되는 대정부 질문인데 하룻밤 새 무슨 질문을 어떻게 준비해서 한단 말인가? 나는 "다른 위원은 없으시냐?"고 반문했지만, 당시 김정남 원내총무는 이미 명단을 통보했다고 말했다. 애초부터 제안이 아닌 내가 해야만 하는 명령이었던 것이다.

다음날 대정부 질문은 앞 순서에 배치되었다. 따로 무언가를 준비할 수 있는 시간이 아니었다. 그래서 나는 평소에 생각했던 내용을 머릿속으로 정리해서 질문을 구성했다. 늘 생각하고 있던 것들로 구성된 질문이었기 때문에 메모지도 필요하지 않았다.

다음날이 되고 긴장된 마음으로 단상에 올랐다. 본회의장은 침묵이 흘렀다. 의원들은 이미 상황을 아는 눈치였지만, 기자들과 방청객들은 그렇지 않았다. 그들은 아무것도 들려 있지 않은 내 손을 바라보고는 의아해하는 듯했다.

나는 질문을 시작했다. 그 당시 대정부 질문은 질문하는 의원이 30분간 질의 내용을 일괄 질문하고, 질문이 끝난 뒤 의장 지시에 따라 해당 국무 위원들이 차례로 대답하는 방식이었다. 나는 해당 분야의 장관을 한 사람 한 사람 쳐다보면서 최대한 분명하게 내용을 전달하려고 노력하면서 질문했다. 그렇게 30분의 시간이 지나갔다. 안도의 한숨을 속으로 삼키며 아직 답변도 시작되지 않은 상태였기 때문에 긴장을 풀지는 못했다.

그런데 의사당 여기저기서 박수 소리가 들리기 시작했다.

아마도 질문이 막힘없이 이루어진 데 대한 칭찬과 더불어 어린 초선의원이 갑작스럽게 맡은 생애 첫 대정부 질문을 잘 끝냈다는 것에 대한 격려의 박수였을 것이다.

질문이 끝난 다음날 의장실에서 한 통의 전화가 걸려왔다. 의장님이 나를 찾는다는 것이었다. 의장실에 들어서자 박준규 국회의장은 나에게 다가와 양팔로 안아주었다. 그는 대정부 질문 전날 나에게 갑작스레 일어난 상황을 알고 있었기 때문에 내심 걱정했던 모양이다. 그러고는 다음과 같은 말로 나를 격려해주었다.

- 우리의 영웅, 조일현 의원이 국회의 위상을 한 단계 높여 주었어!

부끄러운 마음이 들던 차에, 그는 격려의 의미로 작은 봉투를 내게 건넸다. 그리고는 예정되어 있던 오찬장에 데리고 가서 전날 있었던 대정부 질문 과정을 반복하여 소개하며 나를 거듭 칭찬해 주었다. 얼떨결에 대정부 질문자가 되었던 것인데, 생각지도 못하게 이런 특별한 대접을 받게 된 것이 못내 쑥스러웠다. 그날의 대정부 질문이 계기가 되어,

이후 의정 단상이나 다른 장소에서 연설을 할 때도 최소한의 메모지만을 가지고 가는 입장이 되었고 결국 그것이 나의 습관으로 굳어졌다.

박준규 의장께서는 그 뒤로도 시간이 있느냐는 질문과 함께 국회 구성원 중 한 명인 국회의원에게 관심과 애정을 쏟아주며 촉진력을 실천하시곤 하였다. 이처럼 박준규 의장은 국회 업무가 활발히 진행될 수 있도록 많은 의원들을 독려했다. 나는 그가 국회의장으로서 '촉진자 역할의 적임자'라고 기억한다.

국회 본회의장 연설

촉진력

 자연 과학은 완벽함을 목표로 하지만 사회 과학은 완벽함을 추구할 뿐이다. 자연 과학에 촉매제가 있다면, 사회 과학은 촉진력을 가진 역할자가 필요하다.
 목표를 향해 가다 보면 잘 될 때도 있고, 안 될 때도 있다. 이때 잘 되는 것은 더 잘 되게 하고 안 되는 것은 잘 될 수 있도록 하는 촉진력을 가진 역할자가 있어야 한다. 그는 현장감이 뛰어나고 대처 능력이 있어야 한다.

6) 김영삼 (돌파력 突破力)

　정치에 꿈을 가지면서 〈김영삼〉이라는 이름과 〈YS〉 이니셜을 줄곧 들었다. 그에 대한 남다른 호감도 가지고 있었다. 내가 호감을 가지게 된 데에는 크게 두 가지 이유를 들 수 있다. 첫째는 자신의 분명한 꿈을 향한 도전이다. 김영삼 전 대통령이 중학생 시절부터 자신의 꿈을 '대통령'이라 적어놓고 꿈을 키웠다는 일화는 나에게 귀감이 되었다. 나도 초등학교 4학년 때부터 누군가 내게 꿈이 무엇이냐고 물어올 때면 '국회의원'이라고 거침없이 대답하곤 했다. 평가는 당사자들이 하겠지만 나에게는 스스로 짊어지기로 약속한 숙명이었으며, 꿈을 이루고자 나 자신에게 용기를 북돋우는 다짐이기도 했다. 나는 김영삼 대통령의 꿈에 대한 열망과 그 실현을 위한 끊임없는 노력에 깊은 동질감을 느꼈다.

　나의 꿈에 대한 사람들의 평가는 대부분 부정적이었다. 어쩌면 당연했다. 재력도 배경도 무엇 하나 가진 것이 없었기 때문이다. 그럼에도 불구하고 그러한 사람들의 냉소적인 시선은 나를 더 단단하게 만들었다. 그리고 그럴 때마다 나는 김영삼 대통령을 떠올렸다. 사람들이 '계란으로 바위치기'라며 나를 비웃을 때 나는 마음속으로 김영삼 대통령을 생각하면서 '이미 맨손으로 산을 깎은 사람도 있다'라며 주먹을 불끈 쥐었다.

김영삼 대통령이 꿈을 실현한 과정 역시 마찬가지였을 것이다. 자신이 되고자 하는 모습을 상상하고, 그 꿈을 이루기 위해 장애물을 맞닥뜨릴 때마다 스스로 더욱 강해져야 했을 것이다. 그런 모습이 나에게는 살아있는 참고서이자 교본이 되어 주었다.

또한 김영삼 대통령은 '인재를 등용할 줄 알고 동지애가 강한 지도자'라는 것이다. 그는 '인사가 만사'라는 그의 지론대로 상황에 적절한 인재를 등용하고자 노력했으며, 이따금 문제가 생겼을 때는 국민의 눈높이를 기준으로 재어 보고 판단할 줄 알았다. '머리는 빌리면 된다'는 자신의 신념에 따라 조직을 구성하고 운영했다. 그리고 자신이 등용한 인재에 대해서는 최대한 신뢰하고 믿음을 주는 지도자로 정평이 나 있다.

멀리서 동경만 하던 김영삼이라는 인물을 그가 총재로 활동했던 14대 국회에서 만날 수 있었다. 나와 그의 개인적인 만남은 1992년 한국방송통신대학 총동문 체육대회장에서였다. 본부석에 먼저 도착해 있던 그가 친히 걸어와서 나를 반겨주었다.

- 조일현 의원도 오시네.

본 행사가 시작되기 전, 이런저런 이야기를 나누던 중에 그가 내게 질문하였다.

- 14대 최연소 의원이 조 의원 맞느냐?

내가 그렇다고 말하자, 김영삼 총재는 대뜸 최연소 의원 모임을 제안하셨다. 김영삼 총재 역시 제3대 국회의원 선거에서 만 25세로 최연소 당선자였다.

- 내가 한 번 밥을 살 테니 역대 최연소 의원 모임을 소집하는 간사를 하시라.

나는 그 당시에 노력해 보겠다고 말씀드렸으나 서로 소속된 당이 다르고 또 계파가 다르다 보니 김 총재의 제안을 쉽사리 실천하지는 못했다. 그 뒤로 김영삼 총재는 나와 얼굴이 마주칠 때마다 그가 내게 건넨 제안을 몇 번 확인했지만,

나는 끝내 실천하지 못하고 말았다.

　의미 있는 두 번째 만남은 전화통화였다. 그 당시 치러진 대통령 선거에서 김영삼 후보는 당선하고 우리 당 정주영 후보는 낙선했다. 양 당의 모습과 처지는 극과 극이었다. 정주영 후보의 낙선 이후 통일국민당은 크게 흔들리기 시작했다. 의원들은 여당이 된 민주자유당으로 당적을 옮기기 시작했다. 32명 중 김동길, 조일현, 문창모, 강부자 의원만 남고 모두가 떠났다. 그때 전국구가 당적을 옮길 때는 의원직을 놓고 가야 하는 선거법도 개정되었다. 그렇게 복잡하게 돌아가던 어느 날 아침, 김찬우 의원으로부터 전화가 걸려 왔다. 내가 수화기를 들으니 잠시만 기다리라고 하면서 누군가를 바꿔주었다. 수화기 건너편에서 익숙한 목소리가 들렸다.

　- 아 조일현 의원님, 나 대통령 김영삼입니다. 우리 함께 일합시다. 주저하지 말고 같이 갑시다.

　김영삼 대통령이 내게 제안했다. 그러나 나 자신이 납득할 만한 이유 없이 스스로 당을 바꿀 수는 없었다.

"국민당을 지키면서 열심히 돕겠습니다."

그러자 김영삼 대통령은 내게 식사 자리를 제안했다.

- 조만간 청와대에서 칼국수나 한 그릇 같이 합시다.

대통령의 제안은 식사였지만, 본의는 여전히 입당 제안이라고 판단했다. 그 무렵 정치권의 소문에 따르면, 청와대에 가서 칼국수를 먹고 꽃다발과 선물을 받고 나면 민자당 입당 발표가 난다고 했기 때문이다. 당을 옮길 생각이 없던 나는 거절할 수밖에 없었다.

"저희 할아버지께서 오얏나무 밑에서는 갓을 고쳐 쓰지 않고, 참외밭에서는 신발을 고쳐 신지 않는다고 하셨습니다."

이 말이 끝나자마자 상대편에서 수화기를 세게 내려놓는 소리가 들렸다. 그 뒤로도 몇 차례 여러 경로를 통해서 입당 권유가 계속되었지만 나는 끝까지 국민당에 남았다가 자민련과의 합당 때 동참했다.

이후에 김영삼 대통령을 다시 만날 기회가 있었다. 연초에 강원도청에서 대통령과 마주했다. 오찬장에서 대통령을 만났는데 그는 나와 악수를 하며 딱 두 마디를 하고 웃었다.

- 강원도 사람들도 고집 있어요. 조 의원이 대표야.

김영삼 대통령이 진담 반 농담 반으로 나만 이해할 수 있는 말을 건네자, 이전에 청와대 칼국수 오찬을 제안 받았을 당시 철없이 당돌하게 대답한 순간이 떠올라 못내 송구함을 느꼈다.

이제는 뵐 수 없는 고인이 되셨지만 나는 여전히 민주주의를 위해서, 나라와 민족을 위해서, 분명한 목표의식을 가지고 일생을 사신 돌파력의 적임자 김영삼 전 대통령을 존경한다.

"닭의 모가지를 비틀어도 새벽은 온다.", "머리는 빌릴 수 있어도 건강은 빌릴 수 없다.", (특이한 발음으로 외치시는) "여러분-!" 등 김영삼 대통령의 유명한 문장과 목소리를 기억한다.

'돌파형'이라는 단어에 김영삼 대통령만큼 어울리는 분

은 없다. 만 25세에 국회의원이 되어 민주화 시기에는 민주화 운동의 거산이 되어 주었고, 문민정부를 열고 한국 정치사에서 군부독재의 잔재를 잘라냈다. 그리고 긴급명령과 금융실명제까지. 아마도 한국 정치사에 굵직굵직한 정치적 사안에서 김영삼 대통령만큼이나 시대를 정면으로 돌파한 정치인은 찾기 힘들 것이다. 김영삼 대통령의 돌파력은 지도자로서 기질과 성품을 대변하는 적임자의 상징이었다.

쌀협상 소신 조일현 의원

김진의 정치Q

요즘 화제의 정치인은 열린우리당 조일현 의원이다. 그는 23일 국회에서 홀로 쌀협상 비준안 찬성토론을 감행했다. 농촌 출신(홍천-횡성)으로서는 참으로 어려운 일이다.

이번 일로 유명해졌지만 그는 원래 정치권에서 손꼽히는 소신파다. 그는 1992년 고 정주영 회장이 만든 통일국민당 소속으로 처음 국회의원이 됐다. 전국 최연소(37세)였다. 93년 집권하면서 김영삼(YS) 대통령은 국민당의 목을 졸랐다. 대선 때 자신의 표를 뺏아간 정 회장에 대한 분노가 팽팽한 데다 집권당 의원 수가 더 필요했기 때문이다.

상한 운명에 처한 것이다. 그는 조 의원에게 완곡하게 요청했다. 그러나 조 의원은 "죄송하다. 국민당을 지키겠다"며 거절했다.

당장 실적(?)을 올리지 못한 정 회장은 갑갑했다. 그러나 속으론 그런 조 의원이 고마웠던 모양이다. 이후 총선 때마다 정 회장은 조 의원을 도왔다고 한다. 소신은 우정을 낳는 것인가. '최후의 4인' 중 탤런트 강부자씨와 김동길 교수는 지금 조 의원 후원회의 회장과 고문을 맡고 있다. 의사 문창모씨는 작고했다. 15, 16대 선거에서 낙선한 조 의원은 2004년 당적이 없었

93년 국민당 지켰던 '최후의 4인'
YS 이적 압력에 "명분 없다" 거절

정권의 압력은 거셌다. 92년에 당선된 국민당 의원 32명 중 대부분이 민자당으로 갔다. 지역구로는 김동길·조일현, 전국구는 문창모·강부자 의원만 남았다. '최후의 4인'이었다.

사람을 보내도 듣지 않자 YS는 직접 조 의원에게 전화를 걸었다. 그는 점잖게 "나라를 위해 도와달라"고 했지만 사실은 철새가 되라는 압력이었다. 조 의원은 "국회의원이 명분 없이 당적을 바꾸면 신뢰를 잃는다"고 거절했다. YS는 신경질적으로 전화를 끊었다고 한다.

며칠 후엔 정 회장이 부탁했다. YS의 압력에 그는 기업마저 위기에 몰렸다. 정 회장은 자

다. 그는 열린우리당 공천으로 당선됐다.

조 의원은 '제한적 소신파'라는 지적도 받는다. 자기가 몸 담은 여당이 대연정론이나 혼란스러운 국정운영으로 지지율이 곤두박질쳤다. 대통령과 집권당의 추락은 어쩌면 쌀협상 비준보다 더 시급하고 중요한 문제인지 모른다.

그런데도 조 의원은 입을 닫고 있었다. 의원총회에서 한마디 하지 않았다. 그는 "외부에서 들어온 사람으로서 정권과 여당을 살펴볼 시간이 필요했다"고 말한다. 국민당·쌀협상에 이어 그의 세 번째 소신은 언제 어떻게 등장할 것인가.

돌파력

쉽게 뚫어지는 벽은 약해서 누구나 부술 수 있다. 하지만 두껍고 강한 벽은 아무나 돌파할 수 없다. 이때 특별한 도구와 방법으로 장애물을 부수고 돌파하려는 용기와 힘을 돌파력이라 할 수 있다.

힘들고 어려운 일일수록 지혜로운 돌파력을 요구한다. 어려운 순간 발휘하는 돌파력은 어떤 결과보다도 값진 효과를 낸다.

7) 김대중 (설득력 說得力)

김대중 대통령을 생각하면 떠오르는 두 가지가 있다. 그것은 바로 수없이 많은 곤경과 수난을 헤쳐 온 민주투사, 그리고 열정적이고 호소력 있는 대중연설이다.

내가 어렸을 때 있었던 일이다. 어느 날 동네 어른들이 모여서 이런저런 이야기를 나누던 중 정치 이야기가 나왔다. 그 당시만 하더라도 정치라 하면 빠지지 않고 등장하는 단어가 '빨갱이'였다. 그날 동네 어른들의 대화는 언제나 그렇듯 '누가 빨갱이냐?'로 이어졌다.

그리고 김대중이라는 인물이 언급되었다.

- (강원도) 인제에서 김대중이라는 빨갱이가 재보궐 선거에서 국회의원으로 당선되었는데 글쎄 천만다행이지, 혁명으로(당시 강원도 사람들이 5·16 쿠데타를 보는 시선이었다) 당선이 무효가 되었다더만.

어릴 적에 들은 이야기지만 여전히 선명한 기억으로 남아 있다. 아마도 그때 내가 처음으로 김대중이라는 이름 석 자를 들었던 때문이기도 하고 나중에 커서 알게 된 사실이지만, 그때가 김대중 대통령에 대한 정권 탄압이 본격적으로 시작된 때였기 때문이기도 하다.

오랜 시간 무자비한 탄압에도 불구하고 그는 자신의 소신을 굽히지 않았다. 어두운 역사 속에서 실낱과도 같았던 '한국 민주화'라는 희망을 위해 자신의 온몸을 던졌다. 개인적인 생각이지만, 김대중 대통령의 열정적이고 호소력 깊은 연설은 그러한 난관을 극복하면서 자연스럽게 체득된 것이 아닐까 싶다.

앞서 언급한 바와 같이 김대중 대통령은 강원도 인제에서 국회의원으로 당선된 바 있다. 인제에서 차로 30분 정도 이동하면 홍천에 다다르는데, 바로 그곳 홍천이 내가 태어난 곳이자, 나의 정치 인생이 시작된 곳이다. 나는 29세에 처음 총선에 출마했다. 그때가 제12대 총선이었는데 나는 이규정 국회의원이 총재로 있던 근로농민당 소속으로 출마했다. 내가 근로농민당을 선택한 이유는 매우 단순했다. 당시 정당공천 후보는 기탁금이 700만 원이고, 무소속 후보는 기탁금이 1,500만 원이었다. 가난한 화전민의 자식에게는 800만 원을 아껴줄 공천장이 필요했다. 그런데 문제는 사람들이 '근로농민당'을 '근로노동당'이라고 제멋대로 부르기 시작하더니 나중에는 북한 노동당을 연상했는지 '빨갱이 정당'이라며 손가락질하기 시작했다. 그렇게 나는 시작부터 야당 정치인으로, 빨갱이당 후보라는 굴레를 둘러쓰고 정치를 시작하게 되었다. 열린우리당에 입당하면서부터는 더욱 심해졌다.

그로부터 오랜 시간이 지났지만, 사람들의 시선은 크게 달라지지 않은 듯하다. 얼토당토않은 선거구 획정으로 제20대 총선에서 철원, 화천, 양구, 인제, 홍천군이 하나의 거대한 공룡선거구로 묶이게 되었다. 홍천에 정치 기반을 두고 있었던 나는 지역 국회의원 후보로는 처음으로 그 지역 곳곳을 방문해야만 했었다. 민주당 조직이 전무했던 그곳에서 민주당에는 빨갱이라는 인식이 그 어느 곳에서보다 강하게 남아있었다. 민주당의 씨를 뿌리기가 정말 힘든 지역이라는 사실을 다시 한 번 겪고 실감해야 했다.

나는 정치인 김대중의 연설을 수없이 들었다. 연설을 들을 때마다 느꼈던 것이지만, 그의 연설이 가진 설득력은 굉장했다. 나는 그 압도적인 설득력이 어디서부터 오는지 궁금했다. 그리고 우연한 만남에서 그것을 확인할 수 있었다.

나는 제14대 국회의원이 되어 농림해양수산위원회 간사로 활동하면서 세계무역기구(WTO) 전신인 우루과이라운드 (UR) 협상 국회지원단 대표를 맡았었다. 스위스 제네바에 있는 '관세와 무역에 관한 일반 협정'(GATT) 본부에서 다른 의원들과 함께 정부 협상지원을 마치고 귀국하는 길이었다. 당시 김대중 총재는 대선에서 김영삼 후보에게 패한 이후 영국으로 외유를 결정하였는데, 때마침 우리 일행이 런던을 경유하게 되어 그와 잠시 공항에서 마주하게 되었다.

그곳에서 김대중 총재는 이희호 여사와 홍사덕 의원, 나중에 국회의원이 된 이강래 의원과 동행하고 있었다. 그때 당시 우리 일행은 나를 포함하여 정시채, 민태구, 이영문, 김영진, 정태영 등 총 6명이었는데, 나와 김영진 의원은 쌀시장 사전 개방에 반대한다는 의미로 스위스 제네바 가트본부 앞에서 삭발 시위를 한 상태였다.

김대중 총재와 우리 일행이 런던에 있는 공항에서 마주할 수 있었던 시간은 한 시간 남짓 되었다. 주어진 시간 동안 나와 김영진, 정태영 의원은 김대중 총재와 함께 다양한 이야기를 나눌 수 있었는데, 그 중에서 김 총재는 UR 협상에 대해 특별히 관심을 가지며 이것저것 질문했다. 이후 한동안 질문과 답변이 순서 없이 오갔다. 어느새 비행기 시간이 다가왔고 인사를 하고 떠나는 우리 의원 대표단을 향해 김대중 총재는 "협상 결과 여하를 떠나 최선을 다하라"며 격려했다. 이렇듯 상대방의 말에 적극적으로 귀 기울여 경청하고 적극적으로 공감하려는 자세가 사람들의 마음을 얻을 수 있었던 중요한 요인 중 하나가 아니었을까 싶다. 이후 그는 대통령이 되었다. 대중을 향한 그의 진심 어린 마음이 통했던 것이다.

선거구가 통합되고 인제에서 선거운동을 하면서 김대중 전 대통령이 인제 지역구 국회의원으로 출마했을 당시에 함께 했던 동지들을 만날 수 있었다. 그가 강원도 인제에서 출마한 지도 몇십 년이 지났지만, 그곳 사람들은 여전히 김대중이라는 인물에 대한 인간적인 면모를 기억하면서 "한 번 보면 빠져들지 않을 수 없다"며 내게 자신들의 경험담을 들려주곤 했다. 다른 곳도 아닌 민주당의 전통적 불모지 강원도에서 찾아보기 힘든 일이라 감회가 새로웠다.

김대중 전 대통령께서 故 노무현 대통령의 영결식장에서 오열하시는 모습을 제17대 의원이 되어 지켜보았다. 선배 대통령으로서의 조문 모습이 참으로 인상적이었다. 얼마 후 같은 장소에서 김대중 대통령의 영결식이 열렸고 나는 또 한 송이 국화를 헌화했다. 자기의 뜻을 주장하고 강조하는 것이 아니라 호소하고 설득하는 설득력의 적임자 앞에….

　김대중 대통령은 설득형 적임자를 대표할 수 있는 인물이지만, 다른 한 편으로는 아쉬운 부분도 있다. 의원내각제는 DJP 연합 협상 당시 내가 소속되어 있었던 김종필 후보 측에서 김대중 후보 측에게 건넨 최우선 연합 조건이었다. 의원내각제는 공당으로서 국민에게 한 약속이기도 했다. 그러나 김대중 후보는 대선 승리 이후에 그 약속을 지키지 않았다. 약속을 지키지 못했을 때는 그에 대한 해명과 설명 그리고 사과와 용서가 있어야 한다. 하지만 김대중 대통령은 국민을 설득하려고 시도조차 하지 않았다. 결국 김대중 대통령은 국민과의 약속을 지키는 적임자는 아니었다는 멍에를 영원히 벗을 수는 없을 것이다.

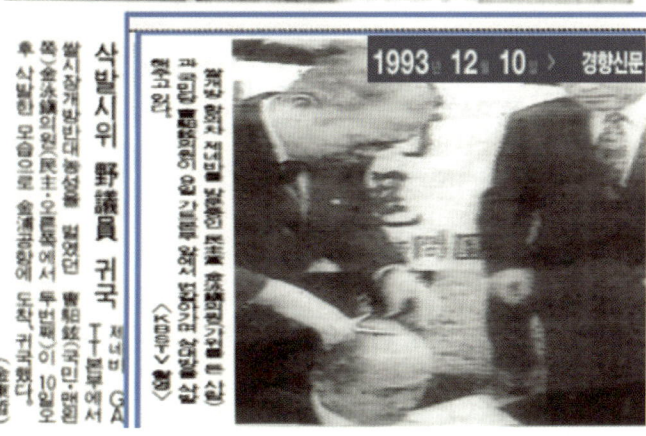

제네바 가트 본부 앞에서 쌀시장 개방 반대 삭발시위

설득력

　자신이 하고자 하는 일에 목적성을 가지고 나와 다른 생각을 가진 상대를 설득하기란 쉽지가 않다. 그 일과 내용이 자신의 욕구를 위한 것일 때, 다른 사람을 설득하는 것은 더욱 힘이 든다. 그래서 설득을 당하기는 쉬워도 자신의 욕구를 위해 상대를 설득해내기는 어렵다. 중요한 것은 인생의 절반은 설득 당하면서 살 수 있지만, 절반은 상대를 설득할 수 있어야 한다는 것이다. 그렇게 할 수 있는 중요한 열쇠는 신뢰가 바탕이 되어야 한다.
　"말보다 신뢰가 먼저다."

8) 노무현 (결단력 決斷力)

결단은 단순히 결정만을 의미하지 않는다. 결단은 목표한 바를 달성하기 위해 내달리는 과정에서 발생하는 위험을 기꺼이 감수하려는 용기를 포함하는 결정이다. 거대한 도전을 앞두고 있는 상황에서 결단은 특히 빛을 발하는 덕목일 것이다. 또한 작은 일이라도 해내는 사람과 그렇지 못한 사람과의 차이는 '결단력'의 차이라고 생각한다.

노무현 대통령을 떠올리면 '결단'이라는 단어가 가장 먼저 생각난다. 그가 마주했던 수많은 도전을 나열하자면 어느 하나 숨이 턱하고 막히지 않은 것이 없을 정도다. 그런 차원에서 노무현 전 대통령의 정치적 행보를 지켜보면 결단력이 필요한 자리에 맞는 적임자라는 생각이 든다.

나는 노무현 대통령과 같은 시기에 국회의원을 같이 한 적은 없다. 다만 각각 두 번씩 국회의원직을 맡았기 때문에 이런저런 만남으로 서로 알고 지내는 정도였다. 내가 노무현 대통령과 정치를 함께 하게 된 것은 그가 청와대에 입성한 뒤의 일이다. 나는 열린우리당 후보로 제17대 총선에 출마하여 국회의원에 당선되었고, 이후 같은 당 소속으로 함께 할 수 있었다.

나는 15대 대선 이후, 자의 반 타의 반으로 자민련을 탈당하고 2000년부터 북경대학교에서 박사 과정을 밟고 있었다. 그리고 내가 중국에서 수학 중이었던 때 그가 제16대 대통령으로 당선되었다.

그가 대통령직을 시작한 첫 해인 2003년 초, 노무현 대통령은 중국을 국빈 방문했다. 당시 내 신분은 독특했는데 본래 한국 학술진흥재단을 통해 북경대학교에 파견된 파견교수의 신분과 그와 동시에 박사과정 대학원생 신분 두 가지를 함께 가지고 있었다. 교수이자 학생이었던 셈이다. (그만큼 당시 중국에서 느끼는 바가 많았다.) 한편으로는 교수이면서 다른 한편으로는 학생인 독특한 신분에, 게다가 정치인이라는 신분까지 겹치면서 운이 좋게도 북경대학교 안팎으로 많은 사람들과 친분을 가질 수 있었다.

노무현 대통령의 방중이 결정될 무렵, 북경대학교 조선어과 한진건 교수로부터 한번 만나자는 연락이 왔다. 한 교수는 한족이었다. 한진건 교수는 약속장소에 다른 한 사람과 함께 나와 있었다. 알고 보니 그 다른 사람은 중국 CCTV-4 채널에서 근무하는 방송 PD였는데, 나에게 방송 출연을 제안해 왔다.

- 노무현 대통령이 중국을 방문하는데, 그에 대해 잘 이해하고 있는 전문가가 중국에 없다. CCTV-4 채널에서 노무현 대통령에 대한 내용으로 대담 프로그램을 진행하고자 하니 조일현 교수가 방송에 출연하는 것이 어떻겠는가?

대담은 한진건 교수가 통역을 맡고 사회자와 나 이렇게 단둘이 하는 방식이라고 설명해주었다. 나는 오래 고민하지 않았다. 노무현 대통령과 개인적인 친분이 오래되거나 두텁지는 않았지만, 정치인 노무현에 대해서는 충분히 설명할 수 있다고 생각했기 때문이다. 다음날 한 교수와 함께 CCTV-4 채널 방송국에 가서 약 30분 가량 프로를 진행했다. 사회자는 나에게 노무현 대통령에 대한 일반적인 내용과 그의 정치성향, 그리고 인간적인 스토리 등에 대해 물었으며 나는 내가 알고 있는 대로 차분하게 대답했다.

촬영을 마친 다음 날, 북경대학교 기숙사로 또 다른 사람이 찾아왔다. 한국 대사관에서 온 사람이라고 했다. 그는 만나야 할 사람이 있다며 준비된 차를 타고 같이 가자고 했다. 당시 나는 반 타의로 북경에 나와 있던 터라 안전한 신분이 아니었기 때문에 나를 찾아온 사람의 정확한 신분과 나를 만나고자 하는 사람의 신원을 확인한 이후에야 겨우 차에 탑승할 수 있었다. 차를 타고 이동한 곳은 중국 영빈관 '디아오위타이'였다.

나를 보자고 한 사람은 바로 노무현 대통령이었다. 대통령은 나를 반갑게 맞이하였다.

- 중국에는 언제 오셨습니까?

"4년째 중국에 살고 있습니다."

- 언제 학위가 끝나시나요?

"학교에 조기졸업을 신청한 상태인데 아직은 잘 모르겠습니다. 아마도 빠르면 2004년 초에 한국에 들어갈 수 있을 듯합니다."

그러자 노무현 대통령은 열린우리당 창당에 대한 이야기를 내게 들려주며 나도 입당하여 함께 했으면 좋겠다고 말했다. 그 밖에도 나와 노 대통령은 얼마 전 내가 중국 방송 프로그램에서 그에 대한 내용으로 대담을 나눈 일화 등 여러 가지 이야기를 나누었다.

어느 정도 시간이 지나자 비서진이 다가와 다음 일정을 알려왔다. 떠나기 전 노무현 대통령은 내게 악수를 청하며 이렇게 말했다.

- 우리 꼭 함께 일해봅시다.

방을 나오면서 이해찬 의원 등 몇몇 아는 얼굴을 만나고 나는 다시 북경대학교로 돌아왔다.

그 후 다행히 나는 조기 졸업에 성공했다. 2004년 2월 학교 총장실에서 혼자 졸업 증서와 학위 증서를 받고 2월 말 귀국했다. 한국으로 돌아와 자민련에서 함께 했던 분들을 찾아 인사를 드리고, 나는 약속대로 열린우리당에 정식 입당하여 지역구 후보가 되었다. 그리고 2004년 제17대 총선에서 당선되었다.

2005년 김한길 원내대표의 주선으로 여야 협상 담당 원내 수석부대표가 되었다. 하루는 김한길 대표가 나를 찾더니 강봉균 정책위원장과 함께 청와대를 가자고 하였다. 특정 장관 후보자에 대한 여론이 좋지 않아 지명 철회를 권유하자는 당의 의견을 전하기 위해서였다.

청와대에 도착 후 조찬과 함께 시작된 대화에서 우리는 노무현 대통령의 뜻을 바꾸기 어려웠다. 노 대통령은 장관 후보자에 대한 지명을 철회할 수 없다면서 우리를 향해 그의 확고한 주장을 전달했다. 당초 청와대를 방문하고자 했던 목적은 달성하지 못한 채, 내가 그와 중국에서 만났던 일과 다시 한국으로 돌아와 국회에서 있었던 쌀 협상 관련 발언에 대한 이야기만 나누고 왔다. 그런 일이 있고 난 이후에도 나는 노무현 대통령을 마주할 기회가 몇 차례 더 있었다. 그리고 중국 후진타오 국가주석이 한국을 방문했을 때 청와대 만찬장에서 노무현 대통령과 만난 것이 내가 그와 나눈 마지막 인사로 기억한다.

나는 국회에 있는 동안 건설교통위원회 위원장직을 맡았는데, 그 자리에서 내려온 이후 말도 안 되는 죄명으로 대검찰청 중앙수사부의 수사를 받았다. 대검은 내게 징역 2년을 구형했다. 물론 나중에는 검찰의 무리한 수사와 기소라는 사실이 밝혀지면서 무죄가 선고되었지만, 2년 6개월 동안 나와 우리 가족은 괴로운 시간을 보내야만 했다.

대검 중수부에서 두 번째 조사를 받는 날이었다. 아침에 변호사들과 내용을 준비하고 대검으로 출발하려던 차에 갑자기 대검에서 전화가 걸려오더니 조사가 연기되었다고 했다. 몇 가지 주요 사건만을 담당하는 중수부가 조사를 연기하는 경우는 거의 없었다. 이상한 일이었다.

사무실에 앉아 TV를 틀었더니 모든 채널에서는 속보를 전하고 있었다. 속보 내용은 당시 퇴임한 노무현 전 대통령이 봉화마을 부엉이 바위에서 추락했다는 것이었다. 믿기 어려웠고 충격적인 소식이었다. 그리고 한없이 슬펐다.

나는 장례위원으로서 그의 영결식과 봉화마을 장지를 다녀오면서 내내 생각했다. 항상 어려운 도전에도 결단력을 잃지 않았던 노무현 대통령이 돌이킬 수 없는 선택을 할 수밖에 없도록 만든 이유는 무엇인가? 논두렁시계 등을 거론하며 노 대통령을 무리하게 조사했던 검찰에 대한 분노를 누그러뜨리기 힘들었다. 나는 조용히 그의 명복을 빌었다.

근거 없는 의혹만으로 2년 6개월 동안 대검 수사를 받았지만 결과는 1, 2, 3심 전부 무죄였다. 항소심 최후진술 때, 나는 억울한 마음에 "우리 동네에도 공작산 바위도 있고 닭 바위도 있다"라고 말했다.

  그 후 일주일 뒤, 무죄 판결이 내려졌다.

社說

열린우리당 조일현 의원의 정직과 용기

曹鳳鉉조일현 열린우리당 의원의 23일 쌀 開放(개방)化관련세사에 대해 당 批進派(비진파)들에 한 성 연설 내용을 듣고 많은 국민들은 자랑스러게 여겼을 것이다. 국민들은 조 의원의 정직함이나 용기에 미더워했고 국회의원들로선 좀처럼 낼 수가 없는 신들에게 비춘안이 사실에 대한 유일한 토론이었던 여러 의원들이 다시 토론을 사라고 토론을 사양했기 때문이다.

조 의원은 地域區(지역구)에서 자신에게 표를 던져주는 나의 약 70% 이상이 농민이 밀집된 수도 있는 정치인이다. 그는 나름대로 시험 직형 농사를 지었고 1996년 初選(초선)때 의원 시절 우루과이 협상이 벌어지던 제네바에서 사발로 쌀 개방에 반대했던 사람이다. 그래서 얻어낸 게 10년간의 쌀 개방 유예기간이었다.

그 뒤 영의 신봉에 섰던 조 의원은 "WTO 협상에서 10년 유예기간을 벌고도 정치권이 표 때문 죽음으로 가더라 42조원을 붓고도 농업경쟁력을 키우지 못했다"고 지난 10년을 되돌아보고 "현명한 사람은 듣으려 않고, 독한 사람은 보려 않지만, 미련한 사람은 말하여 안다"며 더 이상 쌀을 庶民(서민)하지 말자고 호소했다.

되어 흘러보면 세월 때문에 농민의 부담이 더 커졌다는 사실은 단상을 겪거리고 있던 민노당 의원들도 증명하지 못할 것이다.

이 나라 국회의원 299명 가운데 국회가 쌀 비준안을 거부할 경우 당장 내년부터 쌀시장을 개방할 수밖에 없다는 사실을 모르는 사람은 없다. 이런 형상에도 그걸 10년 더 늦취 농민과 농민의 살 길을 다시 한번 찾아보자는 것이다. 그러나 앞서 농민들에 주장이나 아무없는 것은 북한처럼 自主(자주)를 외치며 개방 자체를 반대하는 것도 다 안다. 그러나 앞서 실천하는 知行合一(지행합일)의 의원은 조 의원밖에 없었으니 말이다.

조의원은 여섯 번 출마해 내 번 떨어져본 사람이다. 落選(낙선)의 고통이 얼마나 쓰라린지를 누구보다 잘 안다. 그런 조 의원을 전형 농민들의 울려 새로운 것을 더 이상 농민을 속여서는 안 된다는 정치권의 합의었을 것이다. "농을 왜 갚내지 않겠느냐"는 그의 목소리가 절절하고 "내 결정이 결국은 농민을 위하고 나라를 위하는 길이었다는 것을 설득해 나가겠다"고 한 그의 경성이 뜨겁다. 조일현 의원은 한 사람의 농민 속에서 거차했던 정지한 농민의 정치인과 우리 국회의원 엔 정치인의 용기가 무엇인가를 보여준 진정한 국회의원으로 기록될 것이다.

결단력

 모든 일은 규모와 내용에 관계없이 성공을 위해서는 정확한 판단과 빠른 결단이 필요하다. 결정과 결단을 미루는 만큼 기회는 줄어들고 그 열매는 작아지기 때문이다. 특히 공직자가 일반적인 사안을 망설이고 미루는 일은 직무 유기나 무능함을 스스로 자초하는 것이나 다를 바 없다. 경우에 따라서는 완벽을 추구하기 위한 장고의 시간보다 차선책의 빠른 결단이 더 유리할 수도 있다.

9) 김원기 (지구력 持久力)

어느 한 모임이나 집단, 특히 국회와 같은 큰 규모의 기관인 동시에 여러 갈래의 각기 다른 목적을 가진 구성원들이 모여 있는 곳에서 지도자가 모든 구성원들이 원하는 방향으로 결과를 원만하게 이끌기란 쉽지 않은 일이다. 국회의장은 다양한 의견을 가진 사람들을 한데로 모으고 타협점을 찾을 수 있도록 화합시키는 능력이 필요하다. 그러한 시각에서 볼 때 내가 경험한 역대 의장 중에서 이와 가장 부합하는 사람이 있다면 바로 김원기 전 의장이라고 생각한다.

나는 정당 생활을 일찍 시작한 터라, 국회의원이 되기 전부터 여러 정치 인사를 만날 기회가 많았다. 김원기 의장님도 초선 이전부터 알고 지내왔다.

김원기 의장님은 신문기자를 하시다가 정치에 입문했다. 내가 김원기 의장에 관해 관심을 가지게 된 데에는 그의 원만한 성품 때문이었다. 항상 어떤 사안에 대해 토론할 때마다, 그는 본인의 의견을 상대방에게 관철시키려고만 하지 않고 모두가 동의할 수 있는 의견을 제안하려고 노력했다. 그리고 그 과정에서 본인의 희생은 기꺼이 감내하고자 하였다. 나는 그의 그런 모습이 존경스러웠다.

그와 마주한 수차례 회의에서 의제 소개 이외에 본인의 주장을 먼저 언급한 적이 없었다. 언제나 먼저 다른 사람의 의견을 경청하곤 했다. 만약 그가 회의하는 도중에 개입하는 경우가 있다면 그것은 분명 첨예한 의견 대립으로 회의가 좀처럼 앞으로 나아가지 못해 더 이상 진행이 어렵다고 판단되는 경우였다. 그럴 때 비로소 그는 자신이 생각하고 있던 대안을 제시하면서 상호 간 원만한 합의를 이끌 수 있도록 조정하는 모습을 보였다.

종종 불만을 가지고 회의장을 나가려는 사람이 있을 때면, 김원기 의장은 "지둘려 봐"라고 하면서 상대방의 흥분된 마음을 가라앉히려고 했다. 평소 그의 모습을 돌이켜 떠올려보면, 편한 자리에서 그가 누군가와 대화할 때는 가볍게 팔짱을 끼지만 소란스럽게 언쟁이 오가는 자리에서는 독수리처럼 양팔을 벌려 분위기를 정돈하곤 했다. 느릿느릿하고 조용한 말투를 가진 그가 유일하게 목청이 커지는 모습도 바로 이런 경우일 때다. 때로는 참기 힘든 애꿎은 소리를 듣는다고 하더라도 그는 얼굴만 붉힐 뿐, 단 한마디 대꾸조차 하지 않았다.

이렇듯 유쾌하지 않은 상황이 거듭되어도 김원기 의장은 여전히 회의 결과만을 위해 집중하는 모습을 보였다. 그야

말로 인내심이 강한 분이다. 회의가 본의 아니게 종료되더라도 그는 훗날 그 모임과 회의가 지속될 수 있도록 노력을 아끼지 않았다.

나는 그를 보면서 김원기 의장이야말로 강한 인내심과 지칠 줄 모르는 지구력으로 무장된 화합력의 적임자라고 생각했다. 그리고 그의 정치력과 인생 철학을 배우고 본받고자 노력했다.

나는 제17대 총선을 통해 재선에 성공하였고, 김원기 의장과 같은 당 소속이 되어 국회에서 일하게 되었다. 그는 전반기 국회의장으로 선출되었는데, 나는 매번 본 회의가 열릴 때마다 오래전부터 지켜보던 그의 모습을 자주 접할 수 있게 되어 내심 기뻤다. '정치는 선후배가 있고, 선수를 중요시하며, 법보다 경륜을 더 높이 섬겨야 진짜 정치인이 될 수 있다'는 선배 정치인들의 덕목을 신뢰하고 있었기 때문이다.

우리 국회에서 흔히 찾아볼 수 있는 모습 중 하나는 국회의원들이 정치로 풀지 못한 문제를 법을 통해 풀려고 하는 것이다. 문제가 있으면 서로 대화를 통해 상대방을 설득하면서 문제를 해결하려고 해야 하는데, 도리어 회의장을 박차고 나가 고소장을 써서 검찰청으로 달려가 사진을 찍는다. 참으로 한심한 행태가 아닐 수 없다. 우리 국회에 법조인 출신이 지나치게 많은 것도 하나의 원인일 수 있다. 입법부가 결재 서류를 작성해서 사법부의 결재를 기다리는 꼴이다. 이러한 모습은 합의를 중시하는 김원기 의장의 성정에는 맞지 않는 일이었다. 그래서 난 더더욱 그의 역할에 기대가 컸었다.

그가 국회의장으로 취임한 이후, 한국은 쌀 개방 문제로 떠들썩했다. 국회는 쌀 관세 10년 유예 재협상에 관한 의결을 앞두고 있었다. 의결 전에는 찬성 측과 반대 측 토론이 준비되어 있었다. 2004년 11월 22일 오후로 기억된다.

본회의가 시작되고 쌀 개방 10년 유예를 다시 10년 재연장하기로 한 정부의 협상안을 인준하는 안건이 상정되었다. 당시 전국 곳곳에서 모인 농민들은 추수한 벼 가마니를 쌓아 놓고 불을 질렀고, 심지어 일부 농민들 중에서는 분신하겠다며 농성했다. 울분에 찬 농민들의 목소리가 전국에 가득했다. 그만큼 그날 국회 본회의장에서 어떠한 목소리가 나올지에 대한 국민들의 관심도 뜨거웠다. 전국에 있는 주요 방송사는 본 회의장 생중계를 시작했다.

본회의장 발언대에서는 여야 가릴 것 없이 농촌 출신 의원 전체가 하나 되어 피켓을 들고 의원 발언과 의장의 회

쌀 협상 관련 국정조사 특별위원장 시

의 진행을 막았다. 기존에 토론을 신청한 의원들이 발언을 취소하기 시작했다. 결국, 발언 신청명단에 남아 있던 의원은 나 혼자뿐이었다. 그때 김원기 의장의 목소리가 들렸다.

- 찬성 발언을 신청한 조일현 의원 나와서 발언하세요.

나는 그 즉시 발언하겠다는 의사를 표시하고 발언대로 나갔다. 하지만 당시 민노당 의원들이 발언대 마이크를 잡은 채 발언대 주위를 포위하고 있는 상태였다. 몸싸움은 상황만 악화시킬 뿐 어떠한 의미도 없었기 때문에 나는 발언대 뒤가 아닌 그 옆에 섰다. 그리고 회의장 기자석에서 내 목소리가 들리는지 물어보았다. 기자들이 들린다고 내게 확인해 주었다.

그렇게 나는 마이크도, 원고도 없는 연설을 시작했다. 내가 발언을 시작한 지 3분쯤 지났을 무렵 당시 열린우리당 원내수석 부대표였던 김부겸 의원이 내 귀에 대고 "간단히 하세요"라며 속삭였다. 나는 "알았다"고 대답했다. 그 찰나에 나는 주위를 둘러볼 수 있었는데, 본회의장에 있는 모든 의원들과 국무의원들 그리고 방청객들이 내 연설에 집중하고 있다는 것을 느낄 수 있었다. 나는 짧게 마무리하려고 했던 애초의 생각을 바꿔 다시 차분하게 연설을 이어갔다.

전술했듯 나는 WTO의 전신인 UR 협상 당시부터 쌀 개방과 관련한 국회 업무에 관여했다. 재선 후에도 DDA협상 지원 소위원장으로 활동하며 쌀 개방 문제를 담당했고 국회 쌀 관련 국정조사 특별위원장도 했다. 그렇기에 당시 농민들과 일부 의원들이 오해하고 있는 부분과 우려하고 있는 부분이 무엇인지 그 누구보다도 분명하게 알고 있었다.

김원기 의장도 간혹 튀어나오는 반대 의견이 있을 때마다 내 발언권을 지켜주었다. 내가 연설을 하던 도중 본회의

국회본회의장 연설(2005. 11. 23)

장에서 아무개 의원이 소란을 피우자 그는 이렇게 말했다.

- 할 말 있으시면 발언대에 나와서 하세요.

그렇게 나는 10분 이상 내 의견을 모두 말하고 발언대에서 내려올 수 있었다. 김원기 의장의 도움 없이는 결코 불가능했던 일이다. 나의 발언이 끝나고 바로 뒤에 있었던 국회

인준은 찬성 다수로 의결되었다. 농민들의 시위도 한결 잠잠해졌다.

다수 언론이 내가 본회의장에서 했던 연설을 기사로 실었고, 나는 과분한 주목을 받게 되었다. 농촌 지역구를 가지고 있는 국회의원으로서 부담스러웠던 것도 사실이지만, 스스로에게 잘했다는 칭찬을 해주고 싶었던 순간이기도 했다.

김원기 의장은 본회의가 끝난 다음 날 나를 따로 불렀다.

- 정확한 설명으로 국회와 국민을 설득해줘서 고맙다.

그는 격려와 함께 내가 발언대에서 연설을 하고 있던 당시 장면을 사진 액자에 담아 준비했을 뿐만 아니라, 작은 격려금까지 챙겨주었다.

어떤 합의는 쌍방 간 어느 정도 양보가 있어야만 가능하지만, 또 어떤 합의는 어느 한 측에 대한 온전한 설득으로 가능하다. 다만, 그런 경우 설득을 받는 측은 수세에 놓이게 되므로 회의 자체를 무산시키거나, 회의에 동조하지 않는 등의 방법이 가장 유리하다고 판단할지도 모른다. 이럴 때 갈등이 빚어진 이들 사이에서 사회자가 합의 가능성을 섣불리 배제하여 회의를 중단시키거나 강압적인 표결을 용인하는 등 동조한다면 안건은 결국 사건이 되어버리고 재판장의 판결을 기다리는 형국에 놓일 수도 있다.

김원기 의장님과 같은 합의주도형 적임자가 정당정치를 근간으로 하는 한국 정치에 반드시 필요한 이유가 바로 여기에 있다.

지구력

"인생은 마라톤과 같다"라는 말은 굴곡진 삶을 표현하는 말이기도 하지만 '지구력'을 표현하는 말이기도 하다. 인내와 노력 없이는 일다운 일을 성공시킬 수 없다. 인내는 참고 견디는 것이지만, 지구력은 그 상황을 버티면서 노력하고 있다는 점에서 차이가 있다. 특히 그 상대가 다수이거나 여러 조직일 경우 그들의 입장과 주장을 화합시켜야 하는 책임자에게는 무한한 지구력이 요구된다.

10) 전두환 (장악력 掌握力)

　육군 소장 전두환 보안사령관이 12·12를 주도하여 정권을 잡았다. 곧이어 제10대 국회를 해산하고 제11대 총선 실시를 공표하던 1981년, 나는 대학교 2학년에 재학 중인 스물다섯 살 학생이었다.

　그 당시 나는 제11대 총선 출마를 결심하고 제반 등록 서류와 기탁금 1,500만 원을 준비하여, 원주 선거권리위원회에 갔지만, '용기는 좋으나 대학 졸업은 마친 뒤에 선거에 출마하는 게 좋겠다'는 권고를 듣고 돌아왔다. 나 역시 선거 출마는 아직 이르다는 판단을 하고 있었기에 어른들의 그러한 권고를 마지못해 수용했다. 그러나 비록 다소 무리가 될지라도 선거에 출마하고 싶은 마음도 있었다. 그 시대를 살았던 젊은이라면 누구나 그랬듯 나 또한 불의에 항거하고 싶었고, 내가 생각하는 방식으로 표현하고 싶었다. 선거는 내가 선택한 최고의 항거 방식이었기 때문이다.

　그 이후 나는 내게 주어진 시간 동안 열심히 다음 선거를 준비했다. 돈도 모았고 함께할 동지도 있었다.

　그리고 4년이 지난 스물아홉 살에 드디어 제12대 총선에 출마했다. 그때는 후보자들이 모두 참여하는 합동연설회가 있었다. 원주 학성초등학교에서 열린 합동연설회 때의 일이다. 연설회장 발언대 위에는 노란색 물 주전자와 컵이 하나 놓여있었다. 연설을 시작한 후 나는 까만색 손잡이가 달린 주전자 뚜껑을 뽑아 들고 이렇게 소리쳤다.

"이 나라의 문제는 바로 이 새까만 주전자 뚜껑처럼 모든 것의 위에 앉아 부패하고 썩은 잘못된 세력입니다. 고름은 살이 될 수 없습니다. 이 검은 세력을 모조리 싹 도려냅시다, 여러분!"

합동연설회

그렇게 연설이 끝났다. 저녁이 되었고 선거구에는 '조일현이 전두환 군부를 비난하다 구속되었다'라는 식의 유언비어가 나돌았다. 나에 대한 유언비어는 오히려 그다음 연설회에서 힘을 얻게 되었다. 또 한 차례의 연설회가 끝난 뒤 어느 중년 3명이 본인들을 유권자라고 소개하면서 나를 찾아왔다. 그들은 다짜고짜 내게 물었다.

- 싹 도려내야 할 대상이 누구냐?

나는 "밑에서 위까지 해야 하지 않겠느냐"고 대답했다. 내 대답을 들은 뒤 그 3명은 잠시 자기들끼리 눈을 맞추더니 별말 없이 돌아갔다. 일반인은 아닌 것이 확실했다. 그 이후 나를 걱정하는 사람들은 내게 말과 행동을 조심하라며 주의를 주었다. 돌이켜 생각해보니, 말 그대로 공포의 군부독재 시대에 겁 없는 행동이었다.

그런 일이 있은 지 거의 10년이 지났을 무렵이다. 나는 당시 제14대 총선에서 당선되어 의정활동을 하고 있었다. 그러던 와중에 우연하게도 전두환 전 대통령과 마주 앉아 술잔을 주고받는 자리에 참석하게 되었다. 강원도 설악산에는 신흥사라는 사찰이 있는데 역사가 깊기로 유명하다. 어느 날 나는 해당 사찰로부터 좌불상 조성 준공식에 초청을 받았다.

오전 행사를 마친 뒤, 나를 준공식에 초청했던 조오현 회주스님이 내게 "저녁에 백담사로 올 수 있겠냐"고 조용히 물으셨다. 이미 저녁 약속이 잡혀 있던 터라 내가 그대로 전하자, 스님은 그럼 저녁을 먹고 꼭 다시 들르라고 하였다.

나는 속초에서 저녁 약속을 마치고 인제에 있는 백담사로 갔다. 당시 마건 주지스님은 사찰 뒤에 있는 요사체로 나를 안내해주었다. 그곳에 도착해 방문을 열자 맞은편에는 회주스님이 있었고, 그 오른편에 전두환 전 대통령 내외가 앉아있었다. 그리고 회주스님 왼편에 낯익은 사람이 한 명 더 있었다. 방으로 들어가서 보니 기다랗게 생긴 방 아래쪽에 전두환 일파로 불리는 사람들이 두 줄로 나뉘어 서로 마주 보고 앉아있었다. 군대에서 침상 점호할 때 보았던 모습과 비슷했다. 나는 회주스님의 안내에 따라 스님 정면에 자리를 잡고 앉았다.

내 옆에서 검은 양복을 입고 앉아있던 사람은 당시 총리실 소속 고위 공직자였는데 그는 방송통신대학 총동문회장을 맡았던 조영재 씨였다. 나중에 그도 국회의원이 되었다.

회주스님의 소개에 이어 주변 자리 정돈이 끝나자 전두환 전 대통령이 입을 열었다.

- 조 의원님 한잔하세요.

그는 이렇게 말하면서 자신이 마시고 있던 잔을 내게 건넸고, 나를 향해 곡차가 담긴 병을 기울였다. 나는 곡차 병을 다시 건네 받고자 두 손을 내밀며 말했다.

"강원도에 오셨는데, 강원도 의원인 제가 먼저 잔을 올리는 것이 순서 아니겠습니까."

그러자 그는 계속 병을 손에 쥔 채로 내게 잔을 따라주며 말했다.

- 아닙니다! 이 백담사는 전두환의 홈그라운드입니다.

그는 특유의 당당한 자세와 목소리로 과거 백담사 유배 시절을 언급했다. 그렇게 전두환 전 대통령은 분위기와 조직을 장악하고 있었다. 줄곧 방 아래쪽에서 두 줄로 앉아있던 사람들은 전두환 정권 당시 날고뛰던 고관대작들이었다. 그들은 곡차 자리가 끝날 때까지 같은 자세로 자리를 지키다가 전 대통령이 한 명씩 호명하면 그제야 주는 잔을 받고는 다시 제자리로 돌아가 전과 같은 자세로 앉았다. 그러한 모습은 마치 어느 한 조직의 두목과 조직원들 같아 보였다.

내가 그곳에 도착한 지 한 시간 반쯤 지나자 이순자 여사는 이제 정리하고 이동하는 것이 어떻겠냐고 말했다. 그제야 전두환 전 대통령은 자리를 끝내고 일어나며 방 아래쪽에서 두 줄로 앉아있던 사람들을 향해 말했다.

- 한잔씩들 더 하세요.

그러자 앉아있던 사람들은 그렇게 하겠다고 대답했다. 전 대통령이 떠난 뒤 방에 남아 있던 사람들이 자신들만의 자리를 준비하는 것을 보며 돌아왔다. 그곳에서 머무는 동안 우연히 요사채 방 한 귀퉁이에서 어깨동무 헌책표지를 발견했는데 그 위에 적혀 있던 글씨를 나는 지금도 기억한다. (그들의 언약일 수도 있다는 생각을 했다.)

"우정은 산길과 같아서 자주 오가지 아니하면, 그 길은 없어진다."

그 후 몇 해가 지났다. 어느 날 김동길 박사의 생일잔치가 서울 자택에서 열렸다. 녹두전과 냉면 파티였다. 나는 약속된 시간보다 조금 더 일찍 도착했다. 많은 사람들이 축하 인사를 직접 전하기 위해 그를 찾아왔다. 그 중에는 북에서 망명한 황장엽 씨도 있던 터라 집안은 이미 술렁이고 있었다. 얼마 후, 검은 양복을 입은 한 무리가 줄지어 집으로 들어오면서 다시 장내는 조용해졌다. 그들은 바로 백담사에서 보았던 전두환 전 대통령 일파였다. 내가 보기에 전원이 모두 함께 한 듯했다. 변하지 않은 전 대통령의 장악력을 다시 한 번 실감하는 순간이었다. 전날의 기억으로 일전에 서로 안면이 있던 터라 나는 그에게 건강하시냐며 안부를 물었고, 그는 여전히 건강하게 잘 지낸다며 인사를 받았다.

예전에 어느 유명인사 한 명이 전두환 대통령에게 건강비결을 묻자 전 대통령은 "본인은 기분 나쁜 사람과는 술이나 밥을 먹지 않는다"고 답했다는 말을 회상하며 '오늘은 과연 그에게 기분 좋은 자리일까?'를 생각해보았다.

최근 일어난 미얀마 사태를 보면서 40년 전 전두환 일파가 주도했던 광주민주화운동 강제진압을 떠올리는 것은 나

혼자만의 생각이 아닐 것이다. 세계에는 여전히 많은 독재주의 국가가 남아 있고, 군부독재는 그 중에서 적지 않은 부분을 차지한다. 군부독재는 대체로 비슷한 패턴으로 발생하는 것을 살펴볼 수 있는데, 전임 통치자(대부분 독재자)의 유고 시 사회 혼란 야기를 미연에 방지하기 위함이라는 이유로 쿠데타가 발생한다. 처음에는 군정을 마무리하겠다는 시점을 사회 혼란을 초래하는 요소가 사라진 뒤로 정하고, 후에 군으로 복귀하겠다고 천명하지만, 그 약속이 제때 지켜지는 경우를 나는 본 적이 없다. 그들은 또 다른 독재정권이 될 뿐이다.

군대 수장으로서 그가 보인 조직 장악력은 인정하지만, 국가 지도자로서 그가 행한 정치 참여는 역사적 과오로 오래도록 남을 것이다. 정치하는 군대는 있을 수 없다. 전두환 대통령이 가지고 있는 장악력을 바탕으로 한 리더십은 군과 같이 단단한 위계로 구성된 조직에서 적합할지 모르나, 다양한 의견이 위와 아래에서 자유롭게 터져 나와 합의에 이르는 민주주의 국가 운영 방식에는 맞지 않는다. 역할과 범위가 다르기 때문이다. 군은 오로지 '외부'의 적으로부터 국가와 국민을 지키기 위해 무력을 행사하는 조직일 때 비로소 그 존재가 정당화될 수 있다.

요즘도 재판장에 불려 다니는 전두환 전 대통령을 보면서 진정으로 용서를 비는 사과 한마디가 그렇게도 힘든 일인가? 아니면 자신의 일이 끝까지 옳다고 판단하는 것인가? 를 가늠해본다.

만약 전두환 보안사령관이 10·26 박 대통령 시해 사건을 자신이 말하는 애국심과 자신의 장기인 장악력으로 깨끗이 정리한 후 군대로 복귀하여, 군인으로서 본분을 다하고 전역했다면 그에 대한 평가는 지금과는 달랐을 것이다.

백담사 전경 (사진제공 박재용 작가)

장악력

원심력의 핵심은 중심에 있다. 중심이 흔들리면 원심력은 균형을 잃게 된다. 마찬가지로 조직의 구성원은 장악력에 의해서 균형을 유지할 수 있다. 책임자의 장악력에 문제가 생기거나 힘이 빠지면 조직은 와해된다. 지구에 중력이 있다면 조직에겐 장악력이 필요하다. 하지만 장악력은 강압과 주장에 의한 것이 아닌 합의와 규정에 의한 것일 때 그 빛을 발한다.

11) 김한길 (기획력 企劃力)

인생은 상상으로 펼치고, 실천으로 완성하고, 기록으로 정리한다고 생각한다. 조직이나 국가도 마찬가지다. 나는 김한길 전 대표를 볼 때마다 그의 뛰어난 상상력에 기초한 기획력에 놀란다. 사실 그보다 더욱 놀라운 일은 그의 타고난 재능도 한몫을 하겠지만, 쉬지 않고 읽는 수많은 독서량과 사회적 현실을 분석하고 예측하는 능력이었다.

내가 김한길 대표를 처음 만난 것은 통일국민당 초기인 1992년이다. 당시 나는 정치인 김한길이 아닌 소설가 김한길로 마주했을 뿐, 서로 말 한마디 건넨 적이 없다. 그 후 내가 중국에서 돌아와 열린우리당 소속 제17대 국회의원이 되면서 그와 이야기를 나누는 사이가 되었다. 그러던 어느 날, 김한길 의원이 의원회관으로 나를 찾아왔다. 그는 원내대표가 되어보겠다고 했고, 나는 '내 한 표를 던져 돕겠다'고 말했다.

이후 그는 원내대표가 되어 나를 다시 찾아왔고, 뜻밖에도 내게 원내수석부대표가 되어 달라고 했다. 나는 중국에서 돌아온 지 얼마 되지 않아서 당도, 사람도, 사정도 잘 모른다며 그의 제안을 정중히 거절했다. 실은 김한길이라는 사람의 됨됨이를 내가 잘 모르고 있었기 때문이다. 하지만 그런 일이 있은 뒤로도 그는 내게 두 번을 더 찾아와서 원내수석부대표직을 권했다. 나는 그 과정에서 김한길이란 사람의 진심을 일부 읽을 수 있었다.

김한길 대표의 기획력은 실로 대단했다. 그의 몇 차례 권유로 나는 과반수가 넘는 의석을 가진 집권당 원내수석부대표직을 맡았다. 그 뒤로도 나는 국회의원직 임기가 끝나는 날까지 그와 함께 많은 일과 경험을 나눴다. 그런 과정에서 나는 김한길 대표를 그 누구보다 가까이에서 지켜보며 그의 기획능력을 확인할 수 있었다. 그에 대해 잘 알지 못했을 때는 그가 생각이 가득한 사람으로 보였지만, 훗날 알고 보니 그는 오랜 시간 고민한 결과로 놀라운 기획력을 보였고 결과적으로 나를 매번 놀라게 하였다.

김한길은 본성이 착하고 신중하며 책임감이 강한 사람이다. 자신의 영달을 위해 남을 이용하거나 밀쳐내는 법이 없었고 변화가 크지 않았다. 나는 그런 김한길이라는 사람에게 두터운 신뢰를 갖게 되었다. 때론 그러한 성품 때문에 결정까지 다다르는 시간이 다소 많이 소요되곤 했지만, 달리 생각해보면 또 그러한 시간이 있었기 때문에 무리 없이 결정할 수 있던 듯싶다.

그와 함께한 시간 덕분에 나는 재선 국회의원이었음에도 불구하고, 여타 중진 의원을 제치고 국회 건설교통위원장이 될 수 있었으며 제22대 대한핸드볼협회장도 역임할 수 있었다고 생각한다. 그뿐만 아니라 김한길 원내대표와는 '중도개혁통합신당' 창당까지 함께한 바 있다. 나는 그때도 마찬가지로 김한길 대표의 기획력을 보았고, 그의 성품을 익히 잘 알고 있었기 때문에 흔쾌히 창당 준비위원장을 맡았다.

지금에 와서야 고백하지만, 나는 김한길 대표의 기획력을 굉장히 흠모했고 닮으려 노력했다. 김한길 대표가 뒤이어 내게 넘겨준 대한핸드볼협회장을 역임하면서 나도 그가 평소 보여 왔던 기획력을 발휘한 적이 있었다. 북경올림픽 지역 예선에서 한국 남녀 핸드볼 국가대표팀은 곤경에 빠졌었다. 대표팀의 실력은 출중했으나 당시 중동심판의 농간으로 북경올림픽 출전이 좌절되었던 것이다.

당시 남자대표팀은 이미 탈락한 상태였고, 여자대표팀은 카자흐스탄에서 치뤄지는 지역 예선 경기가 더 남아 있었다. 나는 현장에서 심판의 편파 판정을 직접 목격했다. 억울하게 탈락하고 우는 선수들에게 "선수들은 잘했다. 못한 것은 회장이다. 내가 꼭 올림픽에 갈 수 있도록 하겠다."는 말을 선수들에게 전했다.

그리고 나는 그 순간부터 세계핸드볼연맹과 올림픽조직위원회 등 관계기관을 상대로 항의와 시위를 시작했다. 이와 동시에 중동 국가가 꽉 잡고 있었던 아시아연맹을 압박하기 위해 일본과 함께 협상하였다. 그리고 한국과 같은 곤경을 경험한 일본과 별도로 동아시아핸드볼연맹을 만들겠다고 아시아연맹과 세계핸드볼연맹, 그리고 올림픽조직위원회에 으름장을 놓았다. 경제 강국인 두 나라가 연맹을 만들게 되면 아시아연맹의 위상은 곤두박질하게 될 것이 뻔했다.

결국, 올림픽 역사상 보기 드문 재경기가 결정되었다. 우리 남녀대표팀은 모두 북경올림픽에 출전해 남자는 8강, 여자는 동메달을 획득했다. 지금도 그때의 정형근 부회장 등 협회 임원들과 선수들을 생각하면 가슴이 뛴다. 그때 그렇게 할 수 있었던 것이 바로 김한길 대표에게서 배운 기획력 덕분이었음을 다시 한번 고백한다.

일본에서 승리하고 선수들이 헹가래를 칠 때 마치 독립운동을 한 것 같이 짜릿했던 순간과

일본 동경 요요기 체육관 핸드볼 남자대표팀 헹가래

- 조 수석 대단해!

김한길 대표가 격려해 주던 순간이 잊혀지지 않는다.

그런 김한길 대표와 오랜만에 만나는 자리가 있었다. 본인 몸이 많이 아픈 뒤에 느낀 가족 사랑과 특히 돌아가신

'김철' 아버지의 생애를 회상하면서 그는 눈시울을 붉혔다. 인간 김한길을 재차 느끼는 순간이었다. 그는 본인이 가진 뛰어난 기획력만큼이나 대단히 따뜻한 마음을 온전히 지키고 있는 사람이었다.

　김한길 대표 본인의 표현처럼 '길길이' 살면서 사회와 국가를 위해 자신이 가진 능력을 마음껏 발휘할 수 있기를 바란다.

김한길 대표와 함께

기획력

  아름다운 집을 짓기 위해서는 설계도가 필요하다. 이때 설계자는 건축주가 원하는 모양과 내용대로 설계하면 된다. 마찬가지로 계획은 기획자의 의견에 맞추어 수립하게 된다. 그래서 집 주인의 생각이 중요하고 뛰어난 기획력을 가진 입안자가 필요하다.
  현실과 미래를 아우를 수 있는 안을 찾고 예측하지 못한 그 너머까지 그려볼 수 있는 기획력은 많은 경험과 지식 그리고 충분한 고뇌를 바탕으로 한다. 그렇게 했을 때 기획력은 더 좋은 결과를 낼 확률이 높다.

12) 문재인 (?   )

내가 처음 문재인 대통령을 가까이서 보고 인사를 나눈 것은 그가 노무현 대통령 비서실장을 할 때였다. 그 당시 나는 열린우리당 원내 수석부대표를 맡고 있었다. 그때 잠깐의 인사를 나눈 뒤, 따로 만날 기회는 없었다.

제20대 공천이 시작되면서 나는 첫 번째로 당 공천심사위원회에서 강원도 철원, 화천, 양구, 인재, 홍천 등 서울특별시 전체 면적의 9.8배가 되는 곳에 공천되었다. 이틀 후 문재인 전 후보는 나의 선거 지원을 위해 홍천을 방문하겠다고 하였다.
그때 당시 민주당은 강원도, 특히 우리 지역구에서는 큰 인기가 없었다. 그래도 오랜 시간 지역활동을 해 온 터라 당보다는 나를 신뢰하는 유권자 표가 있었다. 그러나 불과 선거를 한 달 남겨놓은 상태에서 결정된 선거구 획정이었기에 심하게 뒤틀린 운동장은 어찌할 방법이 없었다. 그래도 나는 감사한 마음으로 그를 맞이했고 홍천 시장을 방문하여 국밥을 먹으면서 함께 선거운동에 나섰다. 결국 나는 차점으로 낙선했다.

경남 양산자택에서

　　20대 총선이 끝나고 7월, 나는 경남 양산에서 당시 민주당 문재인 고문을 다시 만났다. 김정숙 여사가 손수 차려준 점심을 함께하며 많은 이야기를 나눴다. 이야기를 나누는 도중에 나는 한 가지를 건의했다.

　　"차기 대선을 준비하신다면 지금부터 본 선거 때는 가기 힘든 외진 곳을 방문하시는 게 효과적일 것입니다. 방문 시에는 언론에도 당에도 알리지 않고, 전국을 계획 있게 방문하는 것이 나중에는 언론에서도 다 알게 되는 내용이라 더욱 좋은 결과가 될 것입니다."

이후 전당대회에서 추미애 당 대표가 선출되었다. 당 대표 선거가 있은 뒤 얼마 지나지 않아 당시 문재인 고문에게 연락이 왔다. 문재인 고문은 내가 드린 조언대로 강원도 나의 지역구를 방문하고 싶다고 하면서 9월 1일에 시간이 되느냐고 물었다. 나는 내가 건의한 일이니 만큼 흔쾌히 답했고 약속한 날 그가 왔다.

'안보와 경제'를 주제로 지역마다 있는 충혼탑과 반공 위령탑 등을 참배하며 경제 단체를 방문하기로 결정했다. 이튿날부터 계획을 실천에 옮겼다.

홍천에 있는 강재구 공원 참배를 시작으로 곳곳을 돌며 참배와 좌담회 등을 했다. 홍천인삼협회와 수매현장, 서울대학교 의과대학 면역시스템연구소, 인제의 백합마을, 사과농장 등을 방문하고 양구 해안에서는 시래기 농장에 이어 메론 농장 등을 방문하고 해안 마을회관에서 주민간담회를 한 후 1박했다. 다음날 양구 읍내에서 조찬 후 시장을 방문하고 화천으로 갔다. 가는 곳마다 꽃다발을 위령탑에 놓고 참배했다.

화천의 산천어축제에 사용되는 전등을 만드는 현장과 토마토 농장, 보훈회관 간담회를 하고 철원으로 넘어가서 곧장 RPC 토마토 선별장을 방문하고 백마고지에서 주민들과 만세를 부르고 상경했다. 가는 곳마다 당원과 주민을 모았고 큰 호응을 받았다.

얼마 지나지 않아, 제19대 대통령 선거가 시작되었다. 나는 강원도 공동선거위원장으로 특히 내 지역구에서 열심히 승리를 위해 노력했다. "기회는 균등하고 과정은 공정하며, 결과는 공평하다"는 구호를 믿고.

선거 결과는 놀라웠다. 역사상 강원도에서 최초로 민주당이 승리했다. 18대 대선에서 문재인 대통령이 박근혜 대통령에게 진 100만 표 중 20만 표가 강원도에서 나왔던 것을 고려하면 엄청난 승리가 아닐 수 없다. 특히, 강원도 18개 시군 중 10개 시군은 졌고 8개 시군이 이겼다. 시는 춘천, 원주, 속초시가 이겼고 군은 5개 군이 이겼는데 그 5개 군이 바로 조일현의 지역구인 홍천, 철원, 화천, 양구, 인제군이었다. 내 지역구는 군사지역이고 수복지구였기 때문에 보수 지지가 심했다. 더구나 농촌 지역이라 젊은 사람들도 부족했기 때문에 민주당이 열세를 만회할 수 있는 조건을 갖추기가 매우 힘들었다. 그럼에도 불구하고 승리한 것이다. 이는 대한민국 역사상 처음 있는 일이었다.

그런데 선거가 끝난 이후의 대통령과 당의 태도는 내가 이해하기 어려운 처사였으며, 받아들이기 힘든 결과였다. 대선 직후 있었던 지방 선거에서도 나는 우리 지역구에서 민주당의 우위를 지키기 위해 최선을 다했다. 역대 단 한번도 민주당 군수와 군의장을 내지 못했던 지역에서 홍천, 인제, 양구의 군수를 배출했다. 내가 지역구를 처음 맡았을 당시 인제군은 민주당 출신 군의원도 한 명 없었다. 그럼에도 인제를 포함하여 홍천, 인제, 양구, 화천에 군의장을 당선시켰으며 강원도 도의장도 내 지역구에서 탄생했다. 나 스스로도 자부할 만한 기록이었다.

이후에도 나는 지역구 관리에 충실했다. 나는 당과 특정 인사에게 무엇을 바라거나 요구하지 않았다. 당에서 상을 따로 내려줄 만큼 두 번의 큰 선거에서 크게 승리했기 때문에 내 선거에서 반드시 이길 수 있다고 생각했다. 나는 오로지 총선 준비만 했고, 다시 국회에 돌아가 의원내각제로 개헌하겠다는 일념을 다듬고 있었다.

그러나 2020년 3월 8일 나는 모든 것이 허망해짐을 느꼈다. '원칙과 공정'을 말로만 부르짖는 민주당이었다. 당의 잘못된 판단과 결정 때문에, 갑작스럽게 바뀐 지역구에서 나는 정식으로 후보 지망도 해보지 못한 채 전략 공천된 후보에 밀려 공천 심사 대상에서 제외되고 말았다. 민주당과 함께하는 20년, 10번째 선거였고 민주당 후보로 출마하는 5번째 선거였다.

확인한 결과, 당시 공천심사위원장이었던 원혜영 의원도 모르게 공천 과정이 진행되었다. 당은 선거구역이 3월 7일(토) 새벽 1시에 결정되었는데 3월 8일(일) 오전에 특정인을 전략 공천했다. 오랜 시간을 강원도 최전선에서 민주당을 지켜왔으나, 나에게는 세 갈래로 쪼개진 지역구 중 어디로 가겠느냐는 그 어느 누구의 확인도 없었다.

며칠 후 불복 기자회견을 하고 버스 두 대를 타고 지역 당원들과 상경해 민주당 당사 앞에서 농성을 벌였다. 100명의 당원이 몰려갔지만 당에서는 누구 하나 온 사람이 없었다. 차후 어떻게 된 일인지 원혜영 공천위원장에게 물었으나, 자신도 몰랐다며 '미안하다'는 말만 반복했다.

나중에 알게 된 사실은 무리하게 사면 복권된 인사가 주동이 되어 무리수를 둔 것이었다. 중요한 것은 그렇게 일을 처리하고도 그 누구 하나 지금까지 그와 관련된 단 한마디의 해명이나 한 통의 전화도 없었다.

　절도, 공문서 위조, 국가보안법 위반, 정치자금법 위반으로 세 번 기소되어 각각 벌금 3,000만 원, 징역 6개월, 벌금 500만 원의 전과 6범인 정치인을 뚜렷한 명분없이 사면 복권한 것은 원칙과 공정을 말로만 하는 '내로남불'식 시비의 대상이 될 만하다. 결국 나는 민주당을 위하여 함께한 시간과 노력의 결과에 대한 평가의 대상도 되어보지 못했다.

　인정받을 때 충성하고 알아줄 때 최선을 다하는 게 순리이다. 그런데 민주당과 문재인 정부의 인사 관리는 그렇지 못한 것 같다. 단적으로 대통령의 임명장을 받고 현 정부에서 일했던 비중 있는 인사들은 하나같이 민주당이 아닌 제1야당에 입당해 대선주자로 뛰고 있다. 그들도 나와 같이 어처구니없는 일들을 겪지는 않았을까? 당과 국가 발전을 생각할 때 참으로 안타까운 일이다.

　문재인 대통령은 남은 임기 끝까지 원칙과 기준을 지키고 일관성 있는 정책으로 국가발전과 안정을 주관하는 적임자 대통령이 되어 주길 기대한다.

21대 총선 당시 선거사무소 외벽에 게시한 현수막

(?)

　세상일은 알고도 모르는 체, 몰라도 아는 체 하면서 살아갈 때가 많다. 기업은 이익에 따라 입장을 달리 할 수도 있지만, 정치는 그 어떠한 경우라도 명분을 잃어서는 안 된다. 알고도 말 안 하는 것은 입장 때문일 수도 있고 무관심일 수도 있다. 정의와 공정은 말로만 부르짖는 구호가 아니라 실천하는 기준과 지키는 명분이 되어야 한다. 절차와 순리를 따르지 않으면 반드시 문제가 생긴다. 미처 생각하지 못했던 상황과 일들이 후폭풍이 되어 올 수 있다.

3절 적임자 선정을 위한 절차

적임자 선택을 위해서는 철저한 검증, 당사자 동의, 임명권자의 최종 결정 등 세 가지 절차가 필요하다.

철저한 검증

적임자 선정을 위해서는 철저한 검증이 필요하다. 검증의 내용은 앞서 이야기한 적임자가 갖춰야 할 능력, 경험, 사명감 등 3가지이다. 그렇다면 검증의 방식은 어떻게 이뤄져야 할까?

검증이 제대로 이뤄지지 않는 경우 발생하는 결과는 참혹하다. 우리나라의 책임자 인사청문회는 매번 개회될 때마다 많은 주목을 받는다. 책임자 인사청문회는 권력자의 제 식구 감싸기 식의 인사를 제한하고, 책임 후보자로서의 적절성을 평가하기 위함이다. 그러나 언젠가부터 청문회장은 적절성을 평가하기보다는, 후보자를 흠집 내어 후보자와 정부를 공격하고 이를 방어하느라 정신없는 모양새가 되어버렸다. 책임 후보자에 대한 격려의 인사로 평화로운 분위기에서 청문회가 종료되는 장면을 본 것이 수십 번의 청문회에서 손에 꼽을 정도다.

　대부분의 청문회는 모두가 상기된 얼굴을 한 험악한 분위기에서 끝이 난다. 청문회장의 위원들은 분이 풀리지 않은 얼굴을 하고 있지만, 청문회를 본 사람들은 모두 갸우뚱하게 된다. 후보자의 자산, 부동산, 가족 환경 등은 알겠어도 도무지 후보자가 어떤 능력과 자질이 있는지, 자신이 맡게 될 업무에 대한 생각은 기억나지 않기 때문이다. 인사 청문회를 통해 검증된 것은 무엇이며, 무엇을 통해 국민은 책임자가 될 인사를 신뢰할 수 있을까? 모두 검증 과정이 제대로 이루어지지 않아 발생한 파국이다.

　적임자를 검증할 때는 최대한 객관적인 기준이 필요하다. 여기서 객관성은 '누구나 인정할 만한'이라는 의미를 갖는다. 그래서 능력과 경험은 그의 경력을 본 누구나 인정할 수 있도록 충분하고 넘쳐야 할 것이다. 대한민국에 인재가 많고 널렸는데 부족한 능력과 경험을 가진 이를 책임자로 선정해야 할 하등의 이유가 없다. 그가 개인적으로 가진 인기가 그의 적임자로서의 자질을 보증하지 않으며, 그의 인기가 그가 해결해야 할 문제를 대신 해결해 줄 수도 없다.

　능력과 경험은 후보자가 쌓아온 경력을 통해 확인할 수 있지만, 사명감은 특정한 지표를 가지고 판단할 수 없다. 그래서 우리는 사명감과 함께 그의 도덕성을 확인해야 할 것이다. 도덕성이 곧 사명감은 아니지만, 도덕성이 높은 사람일수록 자신의 일에 높은 사명감을 가지고 있을 가능성이 높다. 도덕성은 상대적으로 정도 높은 주관의 영역임에도 불구하고, 과거 범죄기록 등의 객관적인 지표를 활용할 수 있기 때문에 사명감을 판단하는 데 용이할 것이다.

여기까지 검증 절차는 기존 절차와 다름이 없다. 그러나 내가 주지하고 싶은 것은 도덕성을 검증할 때 필요한 객관성이다. 절대적인 도덕성과 객관적인 도덕은 다르다. 우리 모두 인간이기 때문에 크고 작은 흠결이 있다. 과거 위대한 성인들도 완전무결한 도덕적 잣대를 들이댄다면 통과할 수 있는 사람은 드물다. 객관적인 도덕이라 함은 일반에 비추어 보았을 때 괜찮은 정도의 도덕을 말한다. 비록 흠결은 있으나, 제3자가 보았을 때 악의가 없는 실수라든가 그 흠결이 크지 않다면 충분히 소명할 기회를 주어서 해결해야 할 것이다.

당사자 동의와 자기 검증

검증위원회 등 검증 기구의 검증 절차가 완료된 이후에는 적임자로 선정된 인사의 동의가 필요하다. 당사자에게 선정

사실을 알린 상태에서 검증이 시작되었기 때문에 자동적인 동의로 이해할 수 있다. 그러나 자체적인 검증이 끝난 뒤에는 검증 내용과 결과가 동반된 상태에서 다신 한번 당사자의 동의를 받아야 한다.

자칫 불필요해 보일 수 있는 검증 후 당사자 동의는 사실상 자기 검증을 위해 필요한 과정이다. 당사자는 검증 내용을 스스로 확인하고, 검증 되지 않은 사실이 있는지 재차 확인해야 한다. 정보 시스템이 아무리 발전했다고 하더라도 정보의 허점은 항상 있다. 그래서 검증의 마지막은 당사자 자신에게 맡겨야 한다. 자기 검증을 스스로 통과한 인사만이 대중 앞에 나설 수 있다.

임명권자의 결정

임명권자는 기구를 통한 검증과 당사자의 자기 검증 결과를 확인하고 최종적인 선정을 마무리한다. 마무리할 때 임명권자는 기구가 미처 생각하지 못하거나, 자신이 생각하는 미래 조직의 향방에 검증 결과가 부합하는지 확인한다. 선정 절차와 내용에 별다른 문제가 없다면 선정을 결정한다.

물론 임명권자 역시 객관적일 필요가 있다. 자신의 마음에 드는 인사라도 검증 결과 적임자에 부합하지 않는다면 자신의 선택을 철회해야 한다. '검증 따로 임명 따로' 식의 적임자 선정과 임명이 된다면 조직 구성원들은 의욕을 잃기 마련이며 이후 있을 검증 과정을 형식적인 것으로 치부해 버리고 제대로 된 인사검증을 하지 않을 것이다. 뿐만 아니라, 내부 검증을 제대로 거치지 않은 인사는 외부의 비판에 쉽게 직면하게 되며 그 결과 일의 진행은 더디게 되거나 중단될 것이다.

처리되지 못한 일과 책임자에 대한 비판은 결국 임명권자 자신과 조직에 대한 불신으로 돌아오게 된다. 이러한 불신은 다시 임명권자가 관할하고 있는 전체 영역에 부담을 증가시키게 되어 더 큰 파국을 몰고 오게 된다.

3장

미래는 적임자 협력시대

1절 1인 주도 시대는 끝났다

　개인이 할 수 있는 일에는 한계가 있다. 복잡하고 빠르게 변하는 현대사회는 점차 세분화되고 있다. 개인의 전문성은 깊어지는 한편, 전문성을 발휘할 수 있는 분야 자체는 좁아지고 있다. 반면, 우리가 일상과 사회에서 마주해야 하는 도전은 더욱 복잡해지고 있다. 우리가 누군가를 통하지 않고 문제를 해결할 수 있는 일은 고작해야 집안 내부의 일 몇 가지밖에 없다.

적임자의 상황도 마찬가지이다. 한정된 분야에서 자신의 전문성을 발휘할 수 있는 것이다. 적임자가 복잡한 문제에 직면하게 될 때 해야 할 일은 늦은 새벽까지 불을 켜 놓고 곰곰이 생각을 정리하는 것이 아니라 누가 그 문제에 전문성을 가지고 있는지 확인하고 찾아가 문제를 해결하는 것이다.

적임자 개인이 해결할 수 있는 문제가 축소됨에 따라 필요하게 되는 것은 적임자 사이의 협력이다. 적임자 사이의 협력은 문제를 다면적으로 볼 수 있는 기회를 제공하기도 하지만 문제 자체를 효율적으로 해결하는 방법이 되기도 한다. 또한 이러한 협력이 일정한 형태로 형식화 혹은 제도화된다면 협력적 문제 해결 방식은 그 자체로 관성을 가지게 되면서 더 큰 효율성을 가지게 될 것이다.

적임자 간 협력은 조직이 관여하고 있는 분야의 수와 그 규모가 증가함에 따라 더욱 필요하게 된다. 특히 국가처럼 대규모성이 고정적으로 붙는 경우에는 다양한 적임자가 함께 협력할 수 있는 제도적인 장치가 필요하다.

이러한 제도적인 장치는 2부에서 논의하게 될 의원내각제를 의미한다.

2절 다원적 적임자 그룹시대

21세기는 다원화, 세분화, 전문화 시대가 되었다. 따라서 책임자도 위상과 역할의 내용이 달라졌다. 각 분야가 넓어지고 세분화되며 전문화가 되는 만큼 책임자의 수가 많아지고 전문지식을 토대로 한 적임자적 리더십이 요구되고 있다. 중요한 것은 각 분야의 리더들을 종합적으로, 유기적 관계로 묶어서 공동의 이익과 발전을 이끌 수 있는 지도자 수준의 적임자 리더십이 절대적으로 필요하다는 것이다.

3절 의원내각제를 통한 적임자 간 협력

조직의 안정적인 유지는 조직을 관통하는 규칙으로 가능하다. 그래서 국가의 경우 흔히 "인치보다는 법치"라고 말한다. 개인에게 조직을 맡기게 될 때 조직은 개인의 능력 변화에 따라 조직의 효율성도 변화될 가능성을 감내해야 한다. 또한 개인 차원에서 발생한 문제에도 조직 전체가 흔들리게 된다. 그래서 조직에는 불안이 상존하게 되고 조직의 안정적인 유지는 불가능해진다. 반대로 조직을 법과 제도에 맡긴다면 상대적으로 안정적인 조직 유지가 가능하다. 사람이 바뀌어도 제도가 유지된다면 그 사람을 빠르게 대체하거나 혹은 부재 상태 속에서도 보완할 수 있다.

조직에 필요한 제도는 현실성이 있고 다수가 동의하는 합리적인 제도여야 할 것이다. 소수의 편익 획득을 위해 만들어진 제도와 운영은 용인되어서는 안 될 것이다. 그러한 제도가 운영된다면 조직은 미래와 외부에서 발생한 문제가 아니더라도 내부에서부터 무너지기 마련이다.

대신에 가능한 많은 구성원이 참여할 수 있고 뜻이 반영될 수 있는 합의적 방식을 실천해야만 한다. 제도는 만들어지기 시작하면 스스로 생존력을 가지게 된다. 그 생존력은 제도를 만들기로 합의한 사람들이 부여한 것이다. 합의를 통해 제도를 만든 경우 사람들은 제도를 어기려는 시도에 대해서 설사 자신에게 유리한 환경을 제공해 주지 않는다고 하더라도 저항하는 경향을 가지기 때문이다.

제도와 책임자 그리고 구성원의 역할과 비중이 균형을 이룰 때 조직의 발전과 구성원의 행복이 보장될 수 있다.

왜, 의원내각제인가?

2부

적임자의 나라

부강한
대한민국을
위하여

1장

권력구조를 바꾸자

의원내각제가 정답이다

나는 2004년 「미래 한국의 권력구조」와 2017년 「광화문 아고라」를 각각 발간했다. 두 책에서 모두 대한민국의 권력구조를 의원내각제로 바꿔야 한다고 주장했다. 의원내각제에 대한 관심과 그 필요성에 대한 나의 확신은 이 책에서도 계속된다.

이 책은 우리 시대에 필요한 리더의 모습과 함께 필요한 제도를 제시한다. 앞서 우리는 현대사회의 복잡성과 리더 개인 능력의 한계를 지적하고 리더 간 협력과 협력의 제도화를 주장했다. 여기서는 의원내각제가 리더 간 협력을 위한 제도적 대안임을 설명한다.

1절 권력구조의 비교

책임정치를 위한 권력구조를 선택해야 한다

대통령중심제는 더 이상 대한민국에 적절한 권력구조가 아니다. 정책 결정 속도 면에서 국가 분열 우려 측면에서 그리고 사법부의 정치화 측면에서도 대통령중심제를 유지하는 것은 비합리적이다. 지금 환경에 적절한 권력구조가 필요하다. 그에 대한 심층적인 논의를 위해 다양한 권력구조의 종류와 특징을 살펴보도록 하자.

첫째, 추장제도이다.
아프리카의 소수 민족이나 남태평양의 작은 섬나라에서 쓰이고 있으며 그 나름의 법과 규칙을 가지고 있다. 원시적 방법의 권력구조 중 하나로 볼 수 있다.

둘째, 왕정제와 입헌군주제이다.
〈왕정제〉는 말 그대로 권력을 가진 왕이 국정 운영의 전반에 영향력을 행사하는 것이다. 〈입헌군주제〉는 왕의 권력을 법 아래로 귀속시키고 왕은 상징적 지배자로서 지위를 유지하는 제도이다. 오늘날 왕정제는 주로 중동 지역에서, 입헌군주제는 주로 의원내각제와 함께 유럽 지역에서 채택되고 있다.

셋째, 대통령중심제이다.

대통령중심제는 미국에서 처음 시작된 제도로서 대통령이 행정부 수반과 국가수반의 권한을 동시에 가지고 통치하는 제도이다. 중요한 것은 실질적인 권력 분점의 방식에 따라 같은 대통령중심제라 할지라도 많은 차이가 난다는 점이다. 정·부통령제, 양원제, 연방제 등에 따라 권한의 정도가 다르다.

미국의 대통령중심제는 대한민국의 대통령중심제와 권력 운영방식에 많은 차이가 있다. 단임제, 연임제 등의 단적인 차이도 있지만, 한국은 정부가 개정 법률안 제출권이 있지만 미국은 없는 것, 한국은 헌법재판소가 있지만 미국은 없는 것처럼 권한과 기구 면에서 상당한 차이가 있다.

대통령중심제는 헌법이 보장한 임기 동안 대통령의 안정적인 정치권력을 보장하고 의욕적인 정책 집행이 가능하다는 장점이 있다. 단점은 대한민국의 현실처럼 대통령과 정권에 심각한 문제가 발생할 수 있고, 문제가 발생했을 때 즉각적으로 책임을 물을 수 없다.

넷째, 의원내각제이다.

총선을 통해서 과반수 의석을 자치한 정당은 집권당이 되고 그 당의 총재나 대표가 수상이나 총리가 되어 의회와 정부를 장악하고 책임지며 나라를 통치하는 제도이다. 만약 과반수 의석을 차지한 정당이 없다면 다른 정당들과 연합해 정부를 구성하고 공동으로 집권할 수도 있다. 의원내각제의 경우 의회에서 간선제를 통해 상징적으로 대통령을 뽑거나, 입헌군주제와 병용되는 경우도 있다.

의원내각제는 추진했던 정책이나 정부 운영상 실패와 잘못이 발생했을 경우 즉각적으로 내각 총사퇴가 가능하고 의회 해산과 재신임을 물을 수 있는 제도이다. 대통령중심제에서 대통령의 임기는 헌법이 보장하고 있어 의회의 탄핵소추 권한과 대통령 스스로 사임하는 것을 제외하고는 임기 도중에는 책임을 물을 수 없는 것과는 확연한 차이를 갖는다.

의원내각제는 책임정치 차원에서 대통령중심제보다 유리하다. 만약 대한민국이 의원내각제를 채택하고 있었다면 지지율 5%(박근혜 대통령 말기)의 대통령직 유지는 불가능한 일이었다. 한마디로 잘하면 계속 연임하고, 잘못하면 즉각 책임지고 물러나야 하는 권력구조이다.

의원내각제는 기본적으로 비교적 높은 수준의 국민의식 수준이 요구된다. 또한 빈번한 정권교체로 인하여 국정의 안정이 어려울 수도 있다는 단점이 있다. 하지만 근래 의원내각제를 통해 특정 정권이 상당 기간 집권을 계속하고 있는 해외 사례를 보면 이는 기우일 수 있다. 오히려 의원내각제가 안정적인 국정 운영을 가능하게 하는 것이다.

의원내각제는 독일, 영국, 일본 등 많은 국가들이 채택하고 있는 권력구조이다. 대한민국은 이승만 정권이 무너지고 장면 내각 시절에 의원내각제를 잠시 채택한 적이 있다. 그러나 5·16 쿠데타와 동시에 소멸하였고 제3공화국부터 대통령중심제를 선택해오고 있다.

다섯째, 이원집정부제도이다.

형식상으로는 내치와 외치를 대통령과 총리가 분담하는 제도이다. 대통령제와 내각제의 장점을 살리고 단점을 보완하려는 취지의 권력구조이다. 그러나 현대 정치에서 외치와 내치를 명확하게 한정하기는 쉽지 않고, 내치가 외치에 그리고 외치가 내치에 미치는 영향력도 상당하기 때문에 이원집정부제가 본래 취지만큼 효율성을 발휘하기는 힘든 것이 현실이다. 그래서 프랑스, 폴란드, 핀란드 등 일부 국가만이 이원집정부제를 채택하고 있다.

여섯째, 주석제도이다.

주로 공산국가에서 채택하고 있는 권력 제도이다. 대다수의 사람들이 공산주의와 반대되는 개념을 민주주의로 이해한다. 그러나 이러한 개념 이해는 잘못된 것이다. 민주주의 체제와 대비되는 체제는 독재체제이며 권위주의 체제라는 표현으로 불리기도 한다. 그래서 정치체제의 구분을 민주주의 체제와 비민주주의 체제 혹은 민주주의 체제와 권위주의 체제로 구분하기도 한다. 독재체제는 대체로 사회주의 체제를 포함하는 개념으로 이해된다. 왜냐하면 독재 형성 과정에서 개인의 자유의지와 그 표현은 제한되기 마련이며, 그 자리는 사회주의 체제로 대체되기 때문이다.

공산주의는 정치체제를 의미하는 것이 아닌 집단이 생산수단을 소유하는 경제 체제를 의미한다. 그리고 공산주의는 공산당을 통해 실현되고 유지되는데, 공산당은 정부 조직을 대표하며 당의 국가에 대한 독재를 합리화한다. 흔히 우리가 말하는 공산국가는 공산당이 일당 독재를 합법화

한 국가를 의미하는 것이다. 중국에서 시진핑 주석과 시진핑 총서기 두 가지 호칭을 모두 사용하는 이유가 여기에 있다. 중국은 중국 공산당이 국가를 독재하는 시스템이다. 시진핑은 공산당의 최고 지위와 정부의 최고 지위를 동시에 점하고 있는데, 공산당을 대표하는 경우에는 총서기 지위가 쓰이고, 정부를 대표하는 경우에는 주석 지위가 쓰인다.

알아두어야 할 것은 총서기는 주석보다 권력 차원에서 상대적으로 하위의 개념이라는 점이다. 총서기는 국가 최고위 정책 결정 기구인 상무위원 중 1인으로 이해되지만, 주석은 상무위원의 결정을 번복할 수 있는 상위 지위이다. 마오쩌둥 주석 시절에 국가적 혼란과 개인적 곤란을 경험한 덩샤오핑이 1982년을 기점으로 당의 주석제도를 폐지했는데, 이는 당에 대한 1인의 독재를 막기 위함이었다. 그러나 최근 시진핑의 임기 연장과 더불어 당 주석제 부활 가능성을 점치는 이들이 많아지고 있다.

주석제도가 가지는 장점으로는 계획적이고 일관적이며 신속한 정책 집행이 가능하다는 점이다. 오늘날 중국의 급속한 성장이 가능했던 요인이라 할 수 있다. 그러나 주석제도는 사회주의 혹은 독재체제를 전제하는 제도이기 때문에 개인의 자유는 제한된다. 개인 자유의 제한은 민주주의 체제에서는 결코 용납할 수 없기 때문에 두 체제 사이에는 항상 긴장 상태가 존재하며 그만큼 대결 가능성도 높다. 미·중 사이에서 발생하는 긴장 역시 체제 차이의 영향도 무시할 수 없다.

지구상에는 이처럼 다양한 권력구조가 존재한다. 그러나 우리는 대통령중심제에서 벗어나지 못하고 있다. 오랜 군부독재 시절의 영향과 미국의 영향 그리고 파편화된 정치구조 등이 주요한 영향으로 작동하고 있다. 근현대 한국 정치사에 대통령중심제가 가지고 있는 한계를 여러 차례 경험하고 있음에도 불구하고 개헌의 움직임이 없다. 권력구조 선택은 정치의 틀을 정하는 일이다. 물이 흐르는 길에 따라 형체와 속도를 달리하는 것처럼 한국 정치개혁은 그 틀을 바꾸는 변화와 개혁부터 시작해야 한다.

2절 제안 이유와 기대 효과

왜 의원내각제인가

　인간이 할 수 있는 모든 선택 중에서 완벽한 선택은 어려울 수 있다. 다만 그 선택이 최선이기를 바라며 노력에 노력을 더할 따름이다. 권력구조 선택도 마찬가지다. 나는 오랫동안 우리나라에 적합한 권력구조를 고민해 왔다. 정치에 입문하면서부터 의원내각제에 대한 고민은 시작되었다. 제17대 국회의원 시절에는 국회의원 연구 모임인 '정부형태와 권력구조 연구회'의 대표 의원으로 활동했다. 두 개의 박사학위를 취득하면서 의회제도와 정부형태 및 권력구조를 연구했다. 「미래 한국의 권력구조」와 「광화문 아고라」 등 의원내각제의 필요성을 주장하는 두 권의 책을 발간하였다.
　연구와 실제 정치현장에서 얻은 경험을 통해 의원내각제에 대한 나의 확신은 더욱 커졌다. 나는 한국의 권력구조를 의원내각제, 더 구체적으로는 독일식 의원내각제를 채택해야 한다고 생각한다.
　현재의 제왕적인 대통령중심제는 장점보다 단점과 폐해가 너무 크다. 그중에서도 권력 집중이 가장 큰 문제이다.

대통령 한 사람에게 지나치게 권력이 집중되어 일방적인 통치 행위가 자행되고 있다. 균형 없는 통치 속에서 국론 분열과 지역감정 문제는 심화되고 있다. 분열과 갈등 속에서 균형 정책과 균형 발전은 기대하기 어렵다.

우리의 대통령중심제는 다른 나라, 특히 미국의 대통령중심제와 다르다. 단적으로 미국 행정부는 개정 법률안 제출권이 없지만, 한국 행정부는 제출권을 가지고 있다. 또한 미국 행정부는 '예산편성안'을 가지고 있지 않은 반면, 한국 행정부는 '예산편성권'을 가지고 있다. 한국 의회는 예산 심의권만을 가지고 예산편성안을 조정하고자 하는 경우 행정부의 동의를 받아야 한다. 미국 의회는 예산편성에 있어 한국 의회에 비해 상대적으로 강력한 권한을 가지고 있는 것이다.

권한의 편중으로 정권이 권위주의적 성격으로 변화하는 것을 견제하기 힘들다. 권력이 일원화되어 있는 상황에서 행정부는 물론이고 사법부와 입법부에까지 대통령의 지배력이 닿지 않는 곳이 없기 때문이다. 그 때문에 대통령 스스로 정권의 권력 확대를 제한하려 노력하지 않는다면, 3권 사이의 견제와 균형은 작동하지 않는 경우가 많다. 또한 대통령이 스스로 견제한다고 하더라도, 그를 위시하고 있는 세력의 자의적인 행동마저 제어하기는 어렵기 때문에 3권분립 원리가 훼손될 가능성은 여전히 크다.

대통령과 집권당은 정치적 기반으로부터 지지를 유지하기 위해 국고 낭비도 마다하지 않는다. 정권이 바뀔 때마다 이전 정권의 정책과 사업은 결과를 보지 못했는데도 폐지되는 경우가 다반사이다. 새롭게 들어선 정권은 그들 정권의 업적을 세우기 위해 자신들이 계획한 새로운 정책을 제시하고 추진한다. 그 과정에서 무수한 국고가 낭비된다. 혁신도시, 기업도시, 금강산관광, 개성공단, 창조경제 등이 대표적이다.

균형이 무너진 상황에서 책임 정치는 실종되어 간다. 정권이 무능하고 부패하고 정책은 실패해도, 심지어 극악의 부정을 저질러도 헌법이 보장한 임기는 입법부와 사법부가 일시에 단죄할 수 없다. 우리나라의 대통령이 부패에 취약한 이유이다. 역대 정권과 전임 대통령들의 경우 대개가 물러났거나 쫓겨났으며 시해되거나 교도소에 갔다. 본인이 안 갔으면 자식이 교도소에 갔고 스스로 세상을 떠나는 안타까운 상황도 발생했다.

시대 상황에 맞는 권력구조가 필요하다

경제 선진국인 37개 OECD 가입 국가들의 권력구조를 살펴보면 의원내각제에 대한 확신은 더욱 강해진다. 경제적으로 부유한 국가들이 공통적으로 사용하고 있는 권력구조라면 일단 경험적으로 현 시대 상황에 적절한 권력구조라고 할 수 있을 것이다. 경제 선진국들이 쓰고 있는 권력구조 현황을 분석해 보면 권력구조와 경제 발전과의 상관관계를 엿볼 수 있다.

정부형태	국 가	국가 수
대통령제	멕시코, 미국, 칠레, 한국, 콜롬비아	5
내각제	그리스, 네덜란드, 노르웨이, 뉴질랜드 덴마크, 독일, 룩셈부르크, 벨기에, 스웨덴 스페인, 슬로바키아, 슬로베니아, 아이슬란드 아일랜드, 영국, 에스토니아, 오스트리아 이스라엘, 이탈리아, 일본, 체코, 캐나다 터키, 포르투갈, 헝가리, 호주, 라트비아 리투아니아	28
이원집정제	폴란드, 프랑스, 핀란드	3
집단지도제	스위스	1

2021년 OECD 가입 회원국의 권력구조

37개 OECD 회원국 중에서 대통령중심제를 쓰는 나라는 5개국에 불과하다. 나머지 32개국 중 이원집정부제를 채택한 3개 국가와 집단지도체제의 1개 국가를 제외하고 28개국이 사실상 의원내각제를 권력구조로 선택하고 있다. 의원내각제가 현 시대에 적절한 권력구조라는 점을 경험적으로 뒷받침하고 있는 것이다.

반면, 한국을 포함해 그동안 IMF 외환위기를 겪은 멕시코, 아르헨티나, 브라질 등의 국가들은 대통령중심제를 선택하고 지도자 1인에게 최고 권력을 부여하고 있다는 점에서 유사하다.

경제적으로 부유한 국가들은 주로 의원내각제를, 그렇지 않은 국가들은 대통령중심제를 사용하고 있다. 정치적 혼란과 경제적 침체가 심화하고 있는 한국이 의원내각제로 전환을 고려해야 하는 명백한 이유이다.

1945년 해방 직후, 정부 수립과 함께 채택했던 대통령중심제는 혼란의 시기 속에서 강력한 지도력을 행사하여 국정 운영의 구심점을 잡을 수 있었다는 점에서 잘된 선택이었다고 판단된다. 오랜 기간 왕정의 권위주의적 통치에 익숙해져 있었고, 일제 강점으로 근대적 시민문화도 정착할 기회를 잃었다. 이러한 상황에서 과거 1인 중심 통치와 유사한 대통령중심제에 익숙함을 느끼는 것도 무리가 아니다. 뿐만 아니라 미군정의 통치와 이승만 등 당대 사회 지도층의 유학 경험 역시 대통령중심제 선택에 무시하지 못할 영향을 끼쳤을 것이다.

한국에 처음으로 의원내각제가 도입되었던 것은 4·19혁명 직후 제3차 개헌을 통해서다. 그러나 이때 도입된 의원내각제는 제대로 시행되지도 못하고 2년 뒤에 5·16 쿠데타를 거치며 다시 대통령중심제로 복귀하였다.

군부독재 이후 시도된 개헌들은 대통령중심제의 큰 틀 아래서 군부독재의 권력 공고화를 목적으로 시도되었다. 1972년 7차 개헌은 유신 체제를 도입하기 위함이었으며, 1980년 신군부가 주도한 8차 개헌 역시 12·12사태 이후 군부 재집권을 위한 후속 조치에 불과하였다.

권력구조의 근본적인 변화 기회는 1987년 서울의 봄을 맞아 시행된 9차 개헌에서였다. 그러나 당시 개헌은 독재와 장기 집권을 막는 데에만 초점이 맞춰져 기본적인 틀을 바꾸지는 못했다. 그 결과 직선제 및 5년 단임 등 대통령중심제의 틀을 유지하면서 제한적인 내용 변화에 그치게 되었다. 만약 9차 개헌 당시 한국이 좀 더 안정적인 상황이었다면, 의원내각제로의 변화도 가능했을 것이다.

현재 한국은 의원내각제가 필요하고 가능한 시점이다. 한국 정치사에서 반복되고 있는 고질적인 문제의 해결이 필요하고, 안정적인 국정운영과 책임정치 실현이 시급하다. 안정적인 의원내각제 운영을 위한 수준 높은 시민문화도 정착됐다. 이제는 변해야 한다.

의원내각제의 기대 효과

의원내각제는 권력 분산이 가능하다. 현재 대통령 1인에게 집중된 권한을 분산시키는 데 효과적이다. 대통령중심제에 비하여 수상이나 총리가 갖는 권한은 분산되어 민주적 국정 운영을 기대할 수 있다. 연정일 경우도 가능하다. 권력 분점이 가능한 상황에서 상호에 대한 견제는 효과적으로 작동하기 때문이다. 권력 분점으로 인한 균형과 견제는 책임정치를 위한 교두보가 되어준다. 정권의 무능과 부패나 정책 실패가 확인될 경우 정권은 책임지고 의회를 즉각 해산시키고 새로운 총선을 통해서 재신임을 물을 수 있다. 그 결과 언제든 새로운 정권이 들어설 수도 있다. 또한 책임 정치를 통한 연임이 가능한 만큼 정권은 조심하게 되고 국민은 정권에 대한 감시가 용이하다.

지역 갈등은 한국 정치사가 반드시 넘어야 하는 거대한 장애물이다. 대통령중심제 속에서 지역 갈등은 해결될 수 없다. 자기 지역 출신에 따라 지역 발전 정도와 지역 인사의 등용이 결정되기 때문이다. 지역 갈등을 해결하기 위해서는 각 지역에서 진보와 보수 의원이 모두 선출 가능한 중대선거구 개편과 의원내각제가 동시에 필요하다. 권력 분점을 통해 동서 화합은 이루어지고 지역 갈등도 해소될 수 있을 것이다.

의원내각제는 대통령중심제에 비해 안정적인 정책 변화가 가능하다. 대통령이 바뀔 때마다 국내정책과 외교정책이 널뛰기하듯 변한다면 정부에 대한 국민의 신뢰와 국가에 대한 국제 사회의 신뢰는 떨어지기 마련이다. 경제적인 문제도 중요하다. 이미 진행되고 있는 정책의 중단과 중단된 정책을 대체하는 새로운 정책에 소요되는 비용과 낭비된 시간은 국가의 커다란 손해가 아닐 수 없다. 반대로 의원내각제에는 상대적으로 정책 유지가 쉽고 점진적인 정책 변화의 가능성이 높다. 뿐만 아니라, 정책 변화에 대한 예측가능성이 증대되면서 예산의 책정과 실행에도 이점을 가지게 된다.

의원내각제는 통일에도 유리하다. 국가와 국가의 통일은 권력과 권력의 통합이며 권력과 권력의 통합은 권력구조의 단일화이다. 대통령중심제처럼 권력이 집중되는 경우 남과 북은 현재의 갈등 구도를 그대로 가지게 될 가능성이 높다. 그리고 이는 북한 주민들과 정책결정자들이 상대적으로 유리한 조건을 가지고 있는 남한과의 통일을 부정적으로 생각하게 하는 원인을 제공한다고 볼 수 있다.

서독과 동독은 국가 지도자들이 그 과업을 성공시켰으며 통일 독일을 완성해 가고 있다. 그 중심에 독일식 의원내각책임제라는 권력 구조가 있다. 통일 이후 독일 사례를 보면 과거의 서독 지역은 동독 지역에 비해 현재 정치·경제적으로 유리한 환경을 가지고 있음에도 불구하고 동독 출신의 메르켈 총리가 2005년부터 연방총리직을 계속 역임하고 있다.

오늘날 대한민국 정치가 지속적인 혼란 상태를 벗어나지 못하는 원인은 현재의 권력구조 때문이다. 수학 문제를 푸는 데 있어 가장 중요한 것은 문제에 걸맞은 수학 공식을 대입하는 것이다. 만약 잘못된 공식을 대입하면 아무리 밤새워 계산해도 정답을 얻을 수 없다. 마찬가지로 국가를 운영하는 것도 현실에 맞는 권력구조 선택이 중요하고, 그 선택이 잘못되면 국가를 안정적으로 운영할 수 없다.

3절 실천방법과 시기

개헌의 주체는 국민

언제나 그랬다. 개헌을 추진한 세력의 주체는 항상 그 당시 강력한 권력자나 정치 집단이었다. 단 한 번 1987년 6월 항쟁을 통해서 국민이 주체가 되어 개헌의 불씨를 당겼다. 그 당시 개헌에서 5년 단임 대통령중심제가 결정되었고 현재까지 유지되고 있다.

의원내각제 도입 시도가 없었던 것은 아니다. 여야 의석 비율이 20대 국회와 비슷했던 노태우 대통령 시절 노태우, 김영삼, 김종필 총재가 각각 이끄는 민주자유당, 통일민주당, 신민주공화당이 소위 3당 통합을 추진하면서 내부적으로 의원내각제 추진을 밀약 하였으나 실행되지 못했다.

그 후 김대중, 김종필 두 대통령 후보가 'DJP연합'을 결성하고 후보 단일화를 추진할 때 집권 후 의원내각제를 실시한다는 약속을 공식화하였다. 그러나 이 또한 김대중 대통령이 당선된 이후 약속을 지키지 않아 무산되었다.

참여정부 시절 노무현 대통령이 연정을 표방하면서 개헌을 통한 권력구조 개편 의지를 밝혔지만 무산되었다. 임기 말이었기 때문에 개헌이라는 거대 프로젝트를 실행하기에는 현실적인 한계가 있었다. 여론도 긍정적이지 않았다. 박근혜 대통령 역시 개헌을 주장했다. 그러나 최순실 게이트와 박근혜 대통령 탄핵으로 개헌은 언론의 주목도 받지 못한 채 잊혀졌다. 문재인 대통령도 개헌을 약속했지만 지금 상황을 보건데 현실성은 낮다.

비록 실행은 되지 않았으나, 진보 정권과 보수 정권 구별 없이 반복되는 개헌 시도를 통해 현재 대한민국 정치현장에서 개헌 필요성이 충분한 공감을 얻고 있다는 사실을 알 수 있다. 심지어, 개헌 논의 과정에서 언급되는 새로운 권력구조 형태 역시 거의 의원내각제로 수렴된다.

그러나 그 과정에서 공통적으로 발견되는 문제는 개헌 논의가 국회 밖을 벗어나지 않는다는 것이다. 국민이 개헌 논의에서 제외되면서 개헌 논의는 특정 정치인과 정파의 단발적인 노력에 그치게 된다. 심지어 개헌을 주장했던 개인과 정당이 강력한 대통령 권력의 유혹을 뿌리치지 못하고 약속을 지키지 않는 경우도 있었다.

개헌 논의는 여전히 진행 중이며 이기적인 정치 셈법도 여전하다. 그러나 여전히 국민은 빠져 있다. 개헌이 국민에게 가져다주는 정치적 이점과 사회적 이점을 소개하고, 국민을 개헌 논의의 중심으로 이동시켜야 한다. 그래야 단발성 구호에 그치는 개헌 시도가 실행까지 이어질 수 있다.

국민적 합의가 필요

현실 상황과 개헌의 필요성을 정확하게 인식하자. 그래야만 순서 있게 추진할 수 있다. 앞서 밝힌 대로 국회의 정당별 의석 분포, 국민의 정서를 고려해볼 때 대통령 선거 전 개헌도 가능하다.

현재의 집권당인 민주당의 의석이 실질적으로 180석에 가깝다. 문재인 대통령은 선거 당시 개헌을 공약했었다. 의지만 있으면 지금이 기회이다. 다른 야당을 설득하고 국민적 동의를 구하면 된다. 개헌은 대통령 선거 전에 하는 것이 적합하다. 그 이유는 과거 3당 통합(대표:노태우, 김영삼, 김종필)을 하면서 밀실에서 내각제 실천을 약속했지만 무산되었다고 알려지고 있다. 또한 DJP연합 때 집권 후 1년 내에 의원내각제 전환을 공개적으로 서약했지만 지켜지지 않았던 경우를 보면 개헌을 약속했더라도 대통령이 된 뒤 대통령중심제가 제공하는 강력한 권력을 경험하게 되면 개헌 시도는 금방 진정성을 잃게 되기 때문이다.

권력구조 개혁은 신중에 신중을 더해야 하는 사안이다. 현실적인 선택지는 대통령중심제, 의원내각제, 이원집정부제 정도이다. 이 중 어떤 권력구조를 선택할지는 국민 모두의 참여와 토론 그리고 합의가 필요하다. 국민 참여를 통해 특정 권력구조를 선택한 후에 추진 방안과 실시 시기를 정하여 계획에 따라 실천해야 한다.

특히 대통령중심제를 통해 이익을 얻고 있는 기득권 세력의 협조가 필요하다. 개헌 실행에 있어 이들의 정치적 협력이 반드시 필요하기 때문이다. 새로운 권력구조가 가져올 수 있는 전 사회적 혜택을 공유하고 설득해야 할 것이다.

또한 개헌이 한국 사회에 또 다른 분열을 발생시키게 되는 문제 역시 경계해야 한다. 개헌은 새로운 정치적인 틀을 의미하기 때문에 다양한 의견들이 발생하고 또 대립하는 것은 매우 자연스럽다. 그러나 대립을 지속시켜 개헌을 늦추기 보다는 상호 간 양보를 통해 개헌이 실행될 수 있도록 노력해야 한다.

바람직한 개헌 추진 방향

의원내각제가 대한민국의 새로운 권력구조로 채택되기

위해서는 다음과 같은 추진 방안이 필요하다.

첫째, 비례대표제 유형과 그 선출 방법을 정해야 한다. 현재 우리나라는 연동형 비례대표제를 채택하고 있다. 비례대표제는 연동형 비례대표제뿐만 아니라, 전면적 비례대표제, 권역별 비례대표제 등이 있다. 전면적 비례대표제의 경우 우리나라 사람들에게는 생소하겠지만, OECD 국가 중 24개 국가에서 사용하는 만큼 오히려 더 보편적인 의원선출 방식이다. 그렇다고 해서 현재의 연동형 비례대표제도 자체가 가지는 문제가 더 특별하다고 볼 수는 없다. 다만 비례대표를 선출하는 과정에 문제가 있다. 전문성이나 소외 계층 혹은 참신한 인재 선출이라는 기존 제도 취지를 살리지 못하고 정당 지도부가 자신의 입맛에 맞는 인사들을 데려다 구색만 맞추는 경우가 많다는 것이 문제인 것이다. 이를 견제하는 당 내부 차원의 장치가 필요하다.

둘째, 국회의원 지역구를 조정해야 한다. 현 선거구 획정 기준은 인구수에만 한정되어 있다. 인구수와 함께 국토 면적 비율 등도 고려하여 선거구 획정 기준을 개편해야 한다. 이는 지역구 조정의 합리성을 재고하기 위한 목적도 있지만 국토의 균형 발전을 위한 것이기도 하다. 인구만 가지고 선거구를 정하다 보니 지방 지역에서는 한 명의 국회의원이 활동하기에는 너무 넓은 크기의 선거구가 만들어져 의정활동에 장애가 많다. 지방인구가 날로 줄어드는 상황에서 문제는 더욱 심화되고 있다.

셋째, 선거구는 현행 소선거구를 중대선거구로 전환해서 많은 지역구에서 여야의원이 고루 배출될 수 있게 해야 한다. 이는 지역 간 갈등과 격차를 해소하고 지역 편차가 없는 인재 등용에도 도움이 될 것이다.

넷째, 개헌 시기는 정치권이 국민의 의견을 다양하게 듣고 합의하여 실천하면 된다. 의원내각제 실행에서 대통령과 국회의원은 실질적인 결정권을 가진다. 총선 결과에 따라 내각이 구성되기 때문에 개헌 시기는 민감한 사안이다. 합의 과정이 쉽지 않겠으나 개헌을 최종 목표로 신속하게 진행해야 할 것이다.

개헌을 위해 당장 필요한 일은 개헌안을 완성하고 국민투표를 실시하는 것이다. 이미 다음 대통령 선거에 출마할 후보들이 선거운동을 시작한 셈이지만, 국가적 차원에서 여야가 합의하고 국민이 동의하면 불가능한 일도 아니다. 대통령 선거 대신 개헌을 위한 국민투표를 하면 된다. 그리고 국회의원의 임기를 조정해서 적당한 시기를 선정하여 총선을 실행하고 결과에 따라 의원내각제로 전환하면 된다.

무엇보다 국민의 적극적인 참여는 모든 개헌 과정의 전제 조건이 되어야 한다. 국민은 약속을 지키고 임기를 양보한 대통령과 해당 정당들에 높은 평가와 함께 전폭적인 지지를 보내주어야 할 것이다.

2장

적임자를 발굴하고 보호하자

자질과 자격이 있는 책임자

1절 적임자 발굴과 보호

적임자를 기르자

 적임자는 한순간에 탄생하거나 만들어지지 않는다. 적임자의 자질이 있다고 판단되어 선정된 대상자들을 다듬고 길러서 적임자의 자격을 갖출 수 있도록 돕고 지원해야 한다.
 최근 중국의 급속한 경제 발전이 장기화하는 가운데, 위태로워질 것으로 예상되던 공산당 1당 지배 체제는 여전히 공고한 모습이다. 공산당은 우리의 예상보다 사회주의와 공산당 그리고 시장경제라는 이질적인 형태의 제도 간 결합을 적절하게 유지하고 있다. 이에 대해 최근 연구자들은 중국의 정치 엘리트의 성장 과정에 이러한 성장의 열쇠가 있다고 보고 일명 '현능주의'에 대한 연구자들의 관심도 높아지고 있는 상황이다. 최근에는 민주주의 체제에서도 현능주의 시스템의 일부를 도입하자는 주장도 있다.

현능주의 체제의 전형적인 예로는 싱가포르를 들 수 있다. 싱가포르는 세계에서 가장 많은 월급을 장관들에게 제공한다. 싱가포르의 장관들은 어린 시절부터 정부가 제공하는 장학금을 받으며 세계 유수 대학에서 최고 수준의 교육을 받는다. 물론 이들은 학업 성적을 기준으로 싱가포르 전역에서 선발된 이들이다. 이들은 공부를 하고 돌아와 공무를 담당하게 되는데, 성과 평가와 학업 평가를 통해 그 능력이 인정받으면 승진하게 된다. 세계에서 모든 장관들이 최신 논문을 읽으며 실험적인 제도를 구상하고 실행 계획을 세울 수 있는 곳은 싱가포르가 거의 유일할 것이다.

우리나라도 국가 차원에서 훌륭한 인재를 발굴해 장기간에 걸쳐 교육하고 수시로 평가하여 많은 적임자를 발굴하고 길러야 한다. 이들에게는 합리적인 보상을 제공하여 되도록 많은 적임자들이 사회 곳곳에 자리 잡을 수 있도록 신경 써야 한다.

2절 적임자의 선출과 임명

책임자를 자질과 자격을 가진 적임자로 선택하고 임명하면 나라는 발전하고 국민은 행복할 수가 있다. 적임자를 선택하고 임명하기 위해서는 반드시 필요한 절차와 기준이 있다.

1. 절차

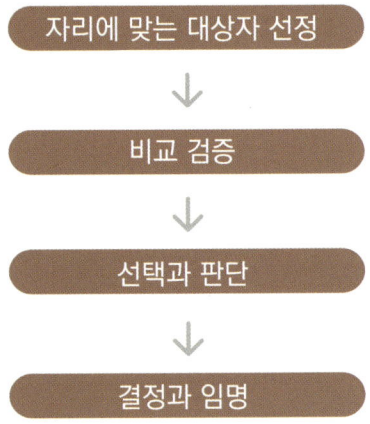

2. 기준

1) 선정 기준

가능한 넓은 범위에서 많은 대상자들 중에서 적임자를 복수로 선정해야 한다. 돌려 막기식이나 제 식구 감싸기식의 각본에 짜인 책임자 선정이 되어서는 안 된다.

2) 비교 검증 기준

맡게 될 일과 그 자리에 맞는 자질의 소유자인가 확인한 후 그만한 경험과 경력을 가지고 있으며, 인격과 사명감을 가진 자격자인가를 비전과 함께 구체적으로 검증해야 한다. 이때 중요한 것은 반드시 복수의 대상자를 비교 검증해야 적절한 적임자 선정이 될 수 있다.

3) 선택과 판단의 기준

원칙적으로 "인사에 탕평은 있을 수 없다." 적임성만이 적용되어야 한다. 단 비슷한 대상자이거나, 조약이나 규약에 의한 경우는 다를 수 있다. 선택과 판단은 결코 외압이나 사적 감정에 의한 요소가 반영되어서는 안 된다.

4) 결정과 임명의 기준

선정과 검증 그리고 선택과 판단 절차와 기준이 제아무리 잘 지켜지고 옳았다 할지라도, 최종 임명권자나 기구가 주관적 결정과 임명을 결정해서는 나라의 발전과 통합은 물론 안정과 국민 행복을 가져올 수 없다. 오로지 결정과 임명 기준은 "누가 적임자인가"에만 두어야 한다.

3절 적임자의 보호와 생존

적임자 보호

적임자 선택과 임명이 끝나면 임명권자와 기구는 물론 구성원 국민 모두가 적임자를 보호해야 한다. 적임자가 자신이 담당하고 있는 일에 집중할 수 있도록 경제적 여건을 보장하고 외부로부터 전해오는 다양한 압력에서 자유로울 수 있게 하는 제도적 보장이 필요하다. 그리고 보호와 함께 감시 기구도 있어야 하겠으나, 지금처럼 정권에 대한 편파적인 비판이 적임자의 업무에 지장을 주는 경우는 경계해야 한다.

또한 임기를 보장하고 연장하는 것도 고려해야 한다. 적임자의 임기가 보장되지 않거나 너무 짧은 임기가 주어진 경우 적임자의 충분한 능력발휘는 어렵고, 이는 국가적인 손해가 아닐 수 있다. 적임자의 자리를 권위자로만 바라보는 기존 인식을 버리고 적임자를 기능자의 시각으로 바라보아야 할 것이다. 기능적으로 유효하다면 적임자의 임기도 유효한 것이다.

정쟁이 계속되는 민주주의 국가에서 특정 인사에 대한 보호는 불가능할 수 있다. 그러나 안정적인 국정 운영이 가능한 의원내각제도는 적임자에게 보다 유리한 환경을 제공할 수 있을 것이다.

적임자의 생존

적임자는 능력과 경험 그리고 사명감으로 임무를 완수해야 한다. 제도적인 보호가 제공되겠지만, 적임자 스스로도 믿음과 비전을 가지고 당당하게 일해야만 한다. 항상 진실과 성실을 다하는 가운데 정도(正道)를 가야만 한다. 유혹에 흔들리거나 외압에 굴복해서는 안 된다. 스스로 문제가 없는 한, 해야 할 일을 포기하거나 물러나서도 안 된다. 적임자의 사명감이 중요한 이유다.

적임자의 생존만큼 퇴임 역시 중요하다. 적임자의 퇴임은 신중해야 한다. 임기가 끝났다고 하더라도 여전히 준수한 기능을 발휘할 수 있다면, 임기를 연장하여 적임자가 계속 임무를 수행할 수 있도록 해야 한다. 단순히 임기로 적임자의 퇴임을 결정한다면 적임자로서의 경험과 새로운 적임자가 업무에 적응하는 시간 동안 사회는 손해를 보게 된다.

그러나 임명권자가 물러날 것을 요구하거나, 자신의 뜻과 맞지 않는 정책을 요구할 때는 물러나야 한다. 구태여 자신의 생각과 맞지 않는 정책을 구상하고 실행할 필요가 없다. 오히려 새로운 적임자에게 하루빨리 자리를 비켜주는 것이 일의 효율상 옳다.

다음으로 개인적인 능력에 한계를 느끼게 된다면 물러나야 한다. 개인적인 능력의 한계를 다양한 형태로 보완하려는 노력은 당연하지만, 그러한 노력에도 불구하고 극복할 수 없다면 내려와야 한다. 자리에 욕심을 가지면 모두에게 불행이다. 또한 결정적인 실수가 발생한 경우에도 마찬가지이다.

모든 정책이 성공할 수는 없다. 자잘한 정책 실수는 정책 수정과 추가를 통해 보완하면 된다. 그러나 결정적인 정책 오류가 발생한 경우에는 다르다. 큰 경제적 손해나 인명 피해가 발생하는 등의 문제가 발생할 때, 적임자의 향후 업무 운영은 지속적인 저항을 받게 될 가능성이 높고 이는 업무 비효율을 야기한다. 또한 결정적인 정책 오류를 책임지는 사람이 없다면 국민의 정부에 대한 신뢰는 낮아지게 되어 정부 운영의 전체 비효율을 함께 발생시키게 될 것이다.

3장

현명한 국민이 되자

철저한 주인의식을 갖자

    세상에 주인 없는 공사는 없다. 국민 없는 나라도 없다. 국민 모두가 철저한 주인의식을 가질 때 나라는 제대로 작동하고 발전한다. 우리 모두 현명한 국민이 되어야 한다.
    내가 항상 주지하고 있는 말이 있다.
    "현명한 사람은 들으면 알고 똑똑한 사람은 보면 알지만 미련한 사람은 당해봐야 알고 답답한 사람은 망해봐야 안다." 국민이 현명하지 않다면 나라의 발전은 고사하고 유지도 불가능하다. 우리나라에는 오랜 시간이 지났음에도 불구하고 반복하는 고질적인 문제들이 있다. 지역갈등, 진보와 보수의 갈등, 대통령의 파국적 결말 등이 대표적이다. 한 세대가 지날 때까지 같은 문제가 우리 사회를 분열시키고 있음에도 이런 문제가 왜 일어났는지를 알지 못하고, 알려고 하지 않는 경우를 종종 접한다. 답답한 일이 아닐 수 없다.

이러한 고질적인 문제를 해결하고 나라의 발전을 위해서 높은 수준의 시민문화가 정착되어야 한다. 그렇게 하기 위해서 우리는 현명한 국민이 되어야 한다.

1절 성숙한 국민의식

나라의 주인으로서 가져야 할 국민의식이 필요하다. 우리 모두 국민으로서 감당해야 할 책임과 의무를 다해야 한다. 안타깝게도 멀쩡한 사람들이 이런저런 이유로 군대에 가지 않고, 호화생활을 하면서 세금을 내지 않는 사람들도 많다. 또 각종 선거에 투표는 하지 않고 휴가를 즐기는 사람들도 적지 않다.

안타깝게도 해야 할 자신의 책임과 의무를 다하지 않고, 권리만을 주장하는 사례들이 많아지고 있다. 책임을 다하지 않으면서도 사회에 대한 불평과 불만을 쏟아내고 자신의 권리만을 주장하는 이들이 많다. 신분증만 지참하면 되는 투표율은 60%가 채 되지 않는데, 서류 작업과 개별 신청이 필요한 재난 지원금 지원율은 90%를 넘는다. 결코 현명한 국민의 모습이 아니다.

'나'라는 개인의 입장보다는 '우리'라는 전체의 입장에서 나의 의무와 책임이 무엇인지 잘 생각해보아야 한다. 성숙한 국민의식이 부강한 나라를 만드는 초석이다.

2절 적극적인 국민행동

성숙한 국민의식으로 철저한 주인의식을 가졌다 해도 실질적인 실천과 노력이 없으면 아무 소용이 없다. "말로 떡을 하면 조선이 먹고도 남는다."는 말이 있다. 왜 이런 말이 있겠는가? 미루어 생각해보면 조선시대 유명했던 4색 당파들이 모여 말만 늘어놓고 가시적 실천이나 성과가 없음을 비꼰 말이 아닐까 한다.

오늘날 대한민국의 정치 현실은 어떠한가? 국민을 위한다는 핑계와 구실만 더해졌을 뿐 달라진 것이 없다. 왜 이런 현상이 반복되는 것일까? 적극적인 국민 행동이 부족하기 때문이다. 국민이 정치에 커다란 관심을 가지고 주시한 다면, 국민 이익을 빙자한 당파 간 편협한 이익 경쟁도 쉽게 발생하기 어렵다. 무책임한 국민은 정치인들의 손쉬운 먹잇감이다.

나부터 변하겠다는 각오와 실천이 필요하다. 철저한 주인의식을 가지고 나라를 생각하는 국민이 되자. 책임자를 적임자로 선택하는 것으로부터 세상을 바꿔보자. 세대교체, 시대교체, 정권교체 등 맹목적인 구호와 허구적인 공약에 속지 말자. 책임자를 선택하는 절차와 기준에 구체적인 비전을 제시하고 사명감을 가진 적임자를 뽑고 임명하자. 국민의 적극적인 정치 참여는 개인 이익만을 위해 공공의 노력을 이용하는 책임자를 견제할 수 있다.

3절 공공을 위한 대안제시

책임과 의무를 다하는 국민은 자신의 권리를 당당하게 주장할 수 있다. 동시에 국가의 발전과 국민 행복을 위하여 대안을 제시하는 것은 필수다. 안타까운 것은 일부 국민이 대안 없이 지적만 반복하고 있다는 사실이다. 대안이 없는 지적은 단지 불평과 불만에 지나지 않는다.

더욱 안타까운 것은 대안을 주장하면서 그 속을 자신의 입장과 개인적인 이익만으로 가득 채우는 경우다. 개인의 이익을 주장하는 것은 자연스럽지만 공공의 이익을 전제하지 않은 채 자신의 이익만 고려한다면 합의도 어렵거니와 합의 결과도 모두에게 도움이 되지 않는다.

대안에는 단기적인 이익과 장기적인 이익이 모두 포함된다. 모든 대안 결정 과정에서 유불리 논쟁은 피할 수 없다. 그러나 대안을 주장하는 측의 편협한 이익만 고려하고 있는 것이 아니라면 얼마든지 합의와 실행은 가능하다.

우리나라 현대사와 전 세계의 현대사를 함께 놓고 볼 때, 우리나라만큼 굵직굵직한 질곡을 넘어온 국가도 드물다. 단순히 넘어온 것이 아니라 세계 시민들이 주목할 만큼 놀라운 결과를 만들어 냈다. 그 질곡을 넘을 때마다 우리가 만든 구호에는 '국민'이 들어 있었다. 나를 주장하되 그 속에 국민의 미래를 담아왔다. 일상에서도 공공을 위한 대안 제시가 필요한 순간이다.

우 리 모 두 가 적 임 자

3부

나와 적임자

"아이 낳고 싶은 나라"

1장

어떻게 하면 될까?

1절 정확한 분석과 진단

농촌의 현실

내 고향 강원도 홍천은 인구가 급속하게 줄고 있다. 홍천군의 면적이 서울특별시 면적의 약 3.6배인데 인구는 7만이 안 된다. 1980년대 13만에 가깝던 인구가 반토막이 났고, 점점 줄어들고 있다.

내가 초등학교를 다니던 시절 학생수가 500명이 넘던 학교는 폐교된 지 오래다. 그렇게 폐교된 초등학교가 현재 남아 있는 학교의 두 배가 넘는다. 10개 읍면 가운데 중학교 신입생이 한 명도 없는 학교가 두 곳이나 있다. 심지어 일 년에 신생아 출생신고가 한 명도 없는 면도 생겨났다. 아이 울음소리가 끊긴 농촌 마을은 대다수의 젊은이는 떠나고, 빠른 고령화 사회로 변모하고 있다. 빈집은 늘고 농토는 황폐화 되어 가고 있다.

홍천군은 전국의 기초자치 단체 중 가장 넓은 면적을 가진 군이다. 그나마 인구 2만, 3만을 지키려고 애쓰는 군도 많다는 통계를 보면 전국의 모든 농촌이 소멸의 길로 빠져들고 있는 것이 현실이다.

지금과 같은 국가 정책으로는 '부활농업 재생농촌'을 기대할 수도 없고, 아기 울음소리를 듣기는 점점 더 어려워질 것이다.

도시의 한계

농촌이 급속하게 고령화 사회로 변하는 것은 농촌 인구가 도시로 떠나는 것이 주된 원인이다.

그들이 떠나는 이유는 간단하다. 농촌에서는 살기가 힘

들고 성공의 기회를 잡기가 어렵기 때문이다. 따라서 젊은이들이 너도 나도 도시로 나가기 때문에 농촌의 인구감소와 함께 황폐화가 가속된다는 사실은 모두가 다 알고 있다. 문제는 도시로 몰려든 젊은이들의 삶이 농촌보다 별로 나을 게 없다는 것이다. 비싼 집값, 귀한 일자리, 낮은 임금 등으로 삶의 여유를 찾기가 쉽지 않다.

결혼을 미루거나, 안 하거나, 못 하는 젊은이들을 너무도 쉽게 많이 볼 수 있는 이유다.

출산율 감소, 사망률 증가

인구 감소의 가장 큰 원인은 출산이 갈수록 줄고 있기 때문이다. 2020년 1년 동안 우리나라의 신생아 출생수는 27만 2천 명으로 30만 명이 안 된다. 젊은이들이 출산을 미루고 안 하는 이유는 단순하다. 양육이 너무도 힘들기 때문이다. 부부 두 사람이 생활하기도 바쁜 세상이 되어 버렸기 때문이다. 결혼을 망설이고 하지 않는 것은 물론, 결혼을 했다 하더라도 출산을 미루거나 하지 않는 것이 현실이다.

반면 2020년 1년 동안 우리나라의 사망자 수는 30만 명을 넘었다. 결국 우리나라의 인구가 줄고 있는 것이다. 도시의 인구가 느는 것은 농촌인구가 이주하는 것이지, 도시의 출산인구가 느는 것이 아니다. 따라서 나라 전체의 인구는 점점 줄 수밖에 없다. 인구 감소로 인하여 발생되는 국가적 부작용은 여러 방면에서 상상할 수도 없는 곤란과 문제를 가져올 것이다. 도시가 유입인구로 포화상태가 될수록 각종 문제만 증가할 뿐, 출산인구를 늘리는 데는 한계가 있다는 점을 우리는 알아야 한다. 국토 균형 발전과 도농 간의 균형 발전이 절대적으로 필요하다.

2절 현실적인 대책과 대안

진정한 출산정책

구체적이고 체계적인 여건조성이 필요하다. 농촌의 인구가 도시로 집중하면서 농촌은 황폐화 되어 소멸의 길을 가고, 도시는 복잡화 되어 온갖 사회문제를 유발하게 된다. 그런데 도시의 출산인구도 줄고 있다. 결국은 나라 전체의 인구가 줄어들고 있는 것이다. 신생아 수를 늘리기 위해서는 아이를 낳고 싶은 여건과 조건을 조성해 주어야 한다. 젊은이들이 육아에 대한 기대와 희망을 찾게 하기 위해서는 "낳기만 하면 나라가 책임진다."는 확신을 구체적으로 주어야 한다. 반듯한 나라를 만들고, 실천 가능한 출산정책을 제시해야 한다. 우선 출산에 드는 비용 일체를 국가가 책임지는 것으로부터 출발하자! 다해야 현재를 기준으로 할 때 30만 명도 안 된다.

반듯한 나라, 예측 가능한 세상

중국에 가면 "당국은 정책이 있고 인민은 대책이 있다."는 말이 있다. '아이 낳고 싶은 나라'를 만드는 길과 방법은 앞서 논한 바와 같다. 아주 쉽고 간단한 일이다. 안정된 반듯한 나라를 만들자. 그리고 작고 쉬운 것부터 실천하자.

1) 틀을 바꾸자

장점도 있지만 그보다는 많은 한계를 보이고 있는 5년 단임 대통령중심제를 우리 현실에 더 많은 장점을 가지고 있는 '의원내각책임제'로 권력구조를 바꾸면 된다.

2) 적임자를 뽑자

　대통령과 정부는 물론 공기업과 사회 전반에 걸친 책임자와 담당자 모두를 할 수 있고, 해낼 수 있는, 사명감을 가진 적임자들로 채우면 나라도 사회도 정상적으로 작동될 수 있다.

3) 현명한 국민이 되자

　앞서 많은 내용을 서술했듯 국민은 나라의 주인이다. 주인으로서 철저한 책임의식을 가지고 적극적인 행동을 하면 나라도 사회도 밝아진다. 나부터 시작하고 실천하면 세상을 바꿀 수 있다.

　아무리 어려운 수학문제도 그 문제에 맞는 공식을 대입하고, 올바른 계산을 하면 정답을 얻을 수가 있다. '아이 낳고 싶은 나라'를 만드는 것도 마찬가지라고 생각한다. 즉, 합리적인 권력구조를 선택하고 책임자를 적임자로 뽑을 수 있는 현명한 국민이 되면 가능해지는 것이다.

3절 적극적인 참여와 실천

어떤 일을 막론하고 좋은 결과와 빛나는 성과를 위해서는 구성원들의 적극적인 참여와 실천이 필수 조건이라 할 수 있다. 아무리 멋진 구상과 추진하고자 하는 내용이 훌륭하다 할지라도 구성원들의 협력 없이는 결코 성공을 거둘 수 없다. 나라의 위기를 극복하는 것도 국민들의 적극적인 참여와 실천 없이는 절대로 극복할 수가 없다. 모든 국민들이 사명감을 가지고 선진강국을 만들겠다는 각오로 각각 최선을 다해야만 현실이 될 수 있다.

메추리 우화를 되뇌이면서 우리 국민들의 하나된 모습과 노력을 기대해 본다.

메추리 우화

메추리는 흔히 볼 수 있는 조류 중 하나다. 일반 가정에서도 메추리알은 밥상에 자주 오르는 반찬 중의 하나이다. 메추리와 관련한 의미 있는 우화가 하나 있다.

옛날에 메추리들이 살기 좋은 시절이 있었다. 먹이는 풍족했고 매와 독수리도 적어 개체 수는 날로 늘어갔다. 평온한 삶이 계속되던 그때 메추리들에게 위기가 찾아온다. 욕심 많은 메추리가 부정을 저질러서 싸움이 시작된 것이다. 크고 작은 싸움이 계속되면서 혼란이 가중되고 싸움 중에 죽는 메추리들이 생겨났던 것이다. 여기서 문제가 발단되었다. 사람들이 죽은 메추리를 주워 구워 먹기 시작하였던 것이다. 메추리 고기 맛을 본 사람들은 본격적으로 메추리 사냥에 나서게 되었고 메추리 수는 급격하게 줄기 시작했다.

수가 날로 줄어듦에 따라 메추리들은 멸종 위기를 느끼게 되었다. 그제야 메추리들은 정신을 차리고 살아남을 수 있는 방안을 찾기 시작했다. 우선 싸움의

원인을 없애고 재발 방지를 약속했다. 규칙을 새롭게 정한 것이다. 그리고 능력 있고 사심 없는 지도자를 뽑았다. 모든 메추리들은 그동안의 방만함과 나태함 그리고 욕심과 잘못을 반성하고 뉘우치며 지도자 메추리를 중심으로 새롭게 뭉쳤다.

지도자를 중심으로 뭉치는 한편, 메추리 사냥꾼들을 대비한 대책을 세우고 실천했다. 메추리들은 보초를 세워서 사냥꾼이 오는지 망을 보게 하는 방법, 독이 든 먹이를 구별하는 방법, 올가미를 피하는 방법 등을 마련하여 교육하였다. 싸움은 그쳤고 사냥꾼을 피하기 시작하면서 메추리들은 다시 개체수를 늘릴 수 있었고 평안한 삶을 회복하였다.

그러나 위기는 또다시 찾아왔다. 사냥꾼들이 메추리들이 접해 보지 못한 신종 사냥 방법을 사용하기 시작한 것이다. 그 방법은 메추리들이 공중으로 떠오르기 직전 급시에 커다란 그물을 던지는 것이었다. 그 물사냥에 메추리들은 맥을 추지 못했다. 그물에 걸리면 도저히 헤어나올 방법이 없었고 대부분의 메추리들은 도망을 포기하고 죽음의 운명을 받아들였다. 메추리 수는 또다시 급감하기 시작하였고 불안한 생활이 시작되었다. 다시 찾아온 위기에 메추리들은 절망에 빠져버렸다.

메추리들은 다시금 생존 방법을 찾아내려 힘을 모았다. 다시 한번 훌륭한 지도자를 중심으로 머리를 맞대고 그물사냥을 피할 방법을 논의했다. 메추리들은 그물사냥에서도 살아남을 수 있는 방법을 고안해내는 데 성공하였다. 그물을 잡아당기기 전에 그물코마다 각각 머리를 내밀고, 지도자 메추리가 "하나, 둘, 셋" 신호를 보내면 함께 소리를 지르면서 동시에 날아오르는 것이었다. 그리고 먼 곳으로 날아가서 그물을 벗어 던지고 살아나는 방법으로 그물 사냥꾼을 피했다. 그 결과 오늘날까지 수많은 메추리들이 살아남게 되었다.

작은 힘도 모으면 큰 힘이 된다

메추리들이 역경 속에서도 살아남을 수 있었던 것은 현명한 지도자와 한마음으로 역경을 이겨내고자 한 의지와 일사 분란한 행동이 있었기 때문이다. 개혁을 위한 노력에 있어 때로는 약간의 시행착오가 있을지라도 국민들이 다시 마음을 함께 모으면 해내지 못할 것이 없다. 적우침주(積羽沈舟)라는 말처럼 새털처럼 가벼운 것도 많이 쌓이면 배를 가라앉힐 수 있다.

도저히 불가능할 것 같은 거대한 산도 우직한 노력으로 기꺼이 옮길 수 있으며, 작고 약한 메추리들도 지혜와 힘을 합하면 스스로를 구할 수 있다는데, 위대한 대한민국 국민들이 힘을 합친다면 그 무엇이 두려울 것이며, 해내지 못할 일이 무엇이 있겠는가?

국민 각자의 의식 개혁부터 실천하고 뭉치자! 이대로는 안 된다. 뭉쳐서 해결하자.

2장

누가 할 것인가?

1절 그대가 적임자

　어떤 문제가 발생할 때마다 가장 먼저 고민하게 되는 것은 '누가 이 문제를 해결할 것인가?'와 관련된 것이다. 하지만 그에 대한 답은 실상은 아주 간단하다. 맡은 일의 주인된 사람이 하는 것이 당연한 것이기 때문이다. '아이 낳고 싶은 나라'를 만드는 일은 국민이 주인인 만큼 국민이 직접 나서야 한다. '아이 낳고 싶은 나라'는 국가가 안정되고 또 부강한 나라를 말한다. 그렇게 될 때 젊은이들이 희망과 용기를 가질 수 있게 된다.

부강한 선진 강국의 꿈은 지도자 한 명과 일부 정파 단독의 주도로 가능하지 않다. 일부가 주도한다고 하더라도 국민이 동조하지 않는다면 추진력을 쉽게 잃게 될 것이다. 아무리 좋은 국가 발전 방향이 설정되더라도 국민 참여가 없이는 모두 무용지물이다.

그래서 국민 모두가 적임자가 되어야 한다. 어련히 잘 되겠거니 막연히 생각해서는 아무것도 변하지 않는다. 스스로 책임 있게 행동하지 않고 불평만 쏟아낸다면 불행해지는 것은 자신이다. 물론, 모두가 정치인이 되고 사회활동가가 되자는 주장은 아니다. 각자가 자기 분야와 위치에서 자신이 속한 크고 작은 사회를 관심을 가지고 관찰하는 것으로 시작할 수 있다.

나는 중국에서 '중국 정부론'을 공부했다. 그 과정에서 중국 근현대사에 중요한 발자취를 남긴 계몽주의 민족주의자 장백령(張伯苓)의 일대기를 접하게 되었다. 장백령은 제국주의 시대의 중국 전역을 돌며 "중국은 내가 있어 희망이 있다"는 말로 시민 계몽 운동에 앞장섰다. 그의 말은 국민이 적임자가 되어야 한다는 나의 주장과 맞닿아 있다.

장백령의 외침

"그대가 있어 희망이 있다."

당시 청나라는 19세기에 들어서면서 외세의 침입을 받기 시작하였다. 청나라는 영국과 두 차례 아편전쟁 그리고 일본과는 청일전쟁을 치렀다. 세 차례 전쟁에서 모두 패배하며 청나라는 그동안 중화사상에 빠져 세상을 객관적으로 읽지 못한 대가를 뼈저리게 치러야 했다. 전쟁 이후 청나라는 대국의 면모를 잃었고 사회는 극도의 혼란에 빠졌다.

혼란은 외부에서만 찾아오지 않았다. 뿌리 깊은 부패는 청나라의 혼란을 가중시켰다. 황족들과 관리들은 비리를 일삼았고 황실 권위가 약해지자 지방의 토호 세력들은 너나 할 것 없이 몸집 부풀리기에 열중하였다. 결국 청나라 정부는 더 이상 제 기능을 할 수 없게 되었다. 국민에게 남은 것은 절망밖에 없었다.

당시 장백령은 미국 콜롬비아 대학교에서 유학을 마치고 귀국해 대중 계몽에 열중하고 있었다. 장백령은 열정적인 청년으로 사회 문제에 깊은 관심을 가지고 있었고, 미국 유학을 통해 최신 국제 정세를 이해하고 있었다. 장백령은 나라를 위기에서 구하려면 국민 계몽이 필요하다고 생각했다. 그래서 그는 계몽 운동에 뛰어들었고 전역을 돌며 대중연설을 시작했다.

장백령의 대중연설은 매번 다양한 주제를 다뤘지만, 항상 변하지 않던 그의 주문이 있다. 그는 가는 곳마다 "우리나라는 내가 있어 희망이 있다"고 주장했다. 그의 말을 들은 사람들은 그를 허풍쟁이라 생각했다. 그러나 장백령은 그들의 반응을 예상하고 "내가 말하는 '나'는 바로 당신이다."라고 답하였다. 장백령의 이 말은 공익보다 사익을 우선하는 행태에 대한 비판과 함께 개인의 변화를 통해 사회 변화를 달성하자는 의지를 함축하고 있다.

현재 대한민국의 국내외 상황은 혼란하다. 한반도는 북한과의 긴장 상황이 계속되고 있으며, 한반도 주위에서는 미·중 패권 경쟁이 날로 심화하고 있다. 자살률은 높고 취준생 청년들은 희망을 잃고 있다. 인구는 감소하고 있고 집 한 채 구하는 것이 하늘의 별 따기 만큼이나 어려워졌다. 지역 갈등은 심화되고 때늦은 이념 갈등이 국론을 분열시키고 있다. 그런데도 위정자들은 문제 해결에 머리를 맞대기보다는 정쟁만 일삼고 있다. 시간이 많이 흘렀지만 장백령의 외침이 귓가에 생생히 맴도는 것은 이러한 이유일 것이다. 우리 모두는 "대한민국은 내가 있어 희망이 있다"는 생각으로 변화에 동참해야 한다.

"국민의 나라, 대한민국은 그대가 희망입니다."

2절 나도 적임자

나도 적임자가 될 수 있다

　부강한 대한민국을 만드는데 나도 할 수 있는 일이 있고, 해야 할 일과 역할이 분명 있다. 내가 할 수 있는 일이 무엇일까? 우선 나 자신을 냉정하게 성찰하면서 내가 할 수 있는 일과 해야 하는 일을 찾고 역할을 정하자.

역할을 찾기 위한 자성

　나는 1955년 강원도 홍천 동면 노천리 농촌 마을에서 내 땅 한 평 없는 화전민의 아들로 태어났다. 초등학교를 졸업하고 어려운 경제 사정으로 중학교 진학을 하지 못했다. 대신 훈장님이셨던 할아버지 밑에서 3년간 한문을 배웠다. 3년간 서당으로 등교한 뒤, 늦은 나이었지만 어렵게나마 중학교에 진학했다. 중학교 진학 후 다행히 고등학교는 바로 진학할 수 있었다. 그러나 나이가 차서 고등학교 2학년을 마친 시점에 군에 가게 되면서 다시 학업이 중단되었다. 3년간 육군에서 복무한 후 전역했다. 전역 후 학교에 돌아오니 6

살이나 적은 동생들과 동창생이 되어 있었다. 대학을 졸업하고 정치활동을 하며 대학원을 다녔다. 석사학위와 박사학위를 받고 난 뒤, 2000년 북경으로 건너가 파견 교수 생활을 하면서 2004년 또 하나의 박사학위를 취득했다. 아울러 부족한 지식과 이론을 채우려고 여러 대학의 최고위과정 등을 수료하였다.

정규학력
    노천초등학교(전교학생회장)
    동화중학교(전교학생회장)
    춘천제1고등학교(전교학생회장)
    상지대학교 행정학과(행정학학사)
    한양대학교 행정대학원(행정학석사)
    경기대학교 대학원(행정학박사)
    중국 북경대학교 대학원(법학박사)

수료과정
    한문 3년간 수학(서당)
    연세대학교 관리과학대학원(지방자치)
    강원대학교 경영행정대학원(경영학)
    고려대학교 정책과학대학원(정당정치)
    서울대학교 행정대학원(국가정책과정)
    연세대학교 언론홍보대학원(언론홍보)
    전경련 국제경영원(최고경영자)
    관동대학교 경영행정대학원(최고위과정)

첫 번째 꿈과 도전

나는 초등학교 4학년 때 국회의원이 되겠다는 꿈을 정하고 66세가 된 오늘까지 그 꿈을 위해 외길 인생을 살았다. 내가 10살 때 품었던 국회의원의 꿈은 26년이 지난 36세 때, 제14대 총선 전국 최연소 당선자로 국회의원이 되면서 처음 실현되었다.

이후 재선 국회의원과 다양한 정치활동을 하면서 통일 한반도의 의원내각제 수상이 되겠다는 제2의 꿈을 정했다. 의원내각제 수상이 되어 다양한 사회 문제를 해결하고 대한민국을 '아이 낳고 싶은 나라'로 만드는 데 주도적인 역할을 하고 싶다. 「적임자 리더십」도 그 꿈을 위한 저서임을 고백한다.

국회의원의 꿈을 갖게 된 동기

나의 고향은 강원도 홍천 두메산골이다. 1955년 나는 가난한 농촌의 화전민의 아들로 태어났다. 당시는 6·25 전쟁 직후라 경제 사정도 좋지 못했고, 농민들의 생활은 몹시 어려웠다. 내 땅 한 평 없는 화전민들의 생활은 참혹할 정도였다.

우리 집과 학교 사이에는 큰 강이 있었다. 당시는 화전을 많이 하고 땔감이 주로 나무인 탓에 민둥산이 많았다. 그래서 비가 조금만 와도 강물이 금세 불어나곤 했다. 하지만 긴 강 어디에도 맘 놓고 건널 수 있는 다리다운 다리가 없었다. 학생들은 비가 많이 오면 학교를 가지 않아도 결석이 아니고 늦게 가도 지각이 아니며 일찍 집으로 돌아와도 조퇴가 아니었다. 나도 그런 이유로 6년 개근상을 탔다. 항상 다리다운 다리가 놓이기를 모두가 바랐다.

초등학교 4학년 1학기가 시작한 직후, 집과 학교 사이에 다리 공사가 시작되었다. 공사가 시작한 지 얼마 되지 않아 다리가 완성되었다. 다리가 빨리 완공될 수 있었던 이유는 다리 기둥만 콘크리트로 세우고 상판은 통나무를 가로 세로로 놓고 그 위에 솔가지, 지푸라기와 흙 등으로 부어 다졌기 때문이다. 다리 난간도 없는 허술한 다리였다. 그러나 마을에 처음 생기는 콘크리트 다리에 주민들의 기대는 컸다. 다리 규모는 얼마 되지 않았지만, 준공식은 아주 성대하게 치렀다. 어른들은 국회의원이 다리를 놓아주었다고 말했다. 준공식장에 참석한 국회의원의 모습을 보고 그날 나는 꿈을 정했다.

2학년 때 담임 선생님이셨던 이동진 선생님께 여쭈었다. "저 다리를 국회의원이 놓아준 것이 맞나요?" 선생님은 "맞다"고 말씀하셨다. "저도 국회의원이 될 수 있나요?" 선생님은 나의 머리를 살짝 만지시면서 말씀하셨다. "일현아, 네가 지금처럼 공부도 열심히 하고 착하게 생활해서 어린이 회장에 뽑힌 것처럼 국회의원 선거에서 뽑히면 되는 거야"라고 하셨다.

나는 그 다리가 너무도 좋았고 그 다리를 놓아준 국회의원이 한없이 고마웠다. 그래서 나도 어려운 사람들과 이웃을 위해 일하는 국회의원이 되겠다고 생각했다.

이후 2006년 제17대 국회 후반기 건설교통위원장이 되었을 당시, 나는 혼자만 아는 인사말을 했다. "학교 앞 다리가 고마워서 정치를 하게 된 조일현이 전국에 다리를 놓는 국회 건설교통위원장을 맡게 되었습니다."

도전의 시작

꿈을 정한 다음날부터 이동진 선생님의 말씀을 되뇌이며, 꿈을 향한 도전을 시작했다. 열심히 공부했고 책도 읽으며 친구들에게도 신망을 얻고자 노력했다. 누군가 장래의 희망을 물을 때면 항상 "국회의원"이라고 또렷하게 대답했다. 격려를 해주는 사람도 있었지만, 계란으로 바위치기라며 비웃는 사람들도 많았다. 가난한 화전민의 자식이 꿀 수 없는 꿈이라는 이유였을 것이다.

  나는 초등학교를 졸업하고 어려운 가정형편 때문에 곧바로 중학교에 진학하지 못했다. 어른들께서 가족회의 끝에 결정을 내리던 날 밤, 참 많이 울었다. 어른들이 가슴 아파하실까 소리 없이 몰래 울었던 그날을 결코 잊을 수 없다. 중학교도 나오지 못한 국회의원은 쉽게 찾아 볼 수 없었다. 억울하고 슬픈 마음을 주체하기에는 너무 어린 나이였다. 그래도 꿈을 포기할 수 없었다. 개학 시즌이 되었고 주위 친구들은 가방을 메고 중학교로 등교했고, 나는 할아버지의 서당으로 등교했다.

소중한 교훈

"계란으로 바위를 깰 수 있다."

서당에서 한문을 배우던 중이었다. 좀처럼 심부름을 시키시지 않으셨던 아버지께서 어렵게 말씀하셨다. "일현아, 급해서 그러는데 너 이 짐보따리를 길 닦는 공사 현장에 좀 갖다 주고 올 수 없겠느냐?"는 말씀이셨다. 나는 할아버지께 말씀드리고 그 짐보따리를 들고 현장으로 갔다. 삼판(벌목)길을 내는 공사장이었다.

공사장에 가니 신기한 것 투성이었다. 정으로 바위를 깨는 것도 그때 처음 보았다. 정으로 바위를 깬다는 말은 들었지만 실제로 본 적은 없었다. 조그마한 정 몇 개로 바위를 깨는 모습을 보면서 내 꿈을 계란으로 바위치기라며 놀리던 사람들이 떠올랐다. 나는 계란을 팔아 정을 사고, 정으로 바위를 깨면 계란으로 바위를 깨는 것도 가능하다고 생각했다. 조그만 발견이었지만, 모두가 비웃는 꿈에 희망과 자신을 가지게 되는 중요한 계기였다.

내가 맨 처음 나의 꿈을 이야기했을 때 적지 않은 사람들이 "이놈아, 꿈 깨. 그것은 계란으로 바위치기야" 하면서 놀리곤 하였다. 성장하면서 그 말이 자꾸만 떠오르곤 하였는데 뾰족한 정 몇 개를 바위에 돌려 박자 꽤나 큰 바위가 힘없이 갈라지는 것을 보고 혼자 소리쳤다.

"계란으로 바위를 깰 수 있다." 그 방법은 계란으로 직접 바위를 치는 것이 아니라, 계란을 팔아서 쇠토막을 산 후 대장간에 가서 정을 만든 다음 그 정을 바위에 박으면 바위가 깨진다. 이는 곧 "계란으로 바위를 깨는 것과 같다"는 것이었다. 즉 '모든 일은 지혜를 짜면 길이 열린다'는 믿음을 갖게 되었다.

늦은 공부와 학교

초등학교 동창생들이 중학교를 졸업할 때 나는 입학했다. 3년 동안 한문을 배우고 중학교에 진학할 수 있었지만 3살 적은 동생들과 동창생이 되기란 쉽지 않았다. 중학교를 졸업하고 춘천 제1고등학교에 입학했다. 제1고등학교는 군 자녀들이 다니던 학교였다. 제1고등학교를 선택했던 이유는 5·16쿠데타로 군 장성 출신 인사들이 국회로 입성하는 일이 잦았기 때문이다. 그래서 고등학교 졸업 후 사관학교를 가겠다는 목표로 제1고등학교를 선택하게 되었다. 그러나 사관학교에 입학하려던 내 목표를 이루지 못했다. 중학교에 늦게 입학한 이유로 고등학교 2학년을 마치고 바로 군대에 가야 했기 때문이다. 고등학생이라는 이유로 병역연기가 허용되지 않았다.

1976년 3월 2일 나는 교복을 군복으로 갈아입고 볼펜을 총으로 바꿔 들고 육군훈련병이 됐다. 보병으로 3년 만기 전역을 하고 1979년 다시 교복을 입었다. 고등학교에 돌아와 보니 6살이나 적은 동생들과 동창생이 되어 있었다. 그렇게 고교 3년을 졸업했다.

내가 고등학교 3학년이던 1979년 12월 26일 박정희 대통령이 시해되었다. 나는 1980년 상지대학교 행정학과에 입학했다. 주위의 많은 지적에도 내가 상지대학교를 택한 이유는 단 한 가지였다. 국회의원이 되는데 선거구역 소재지의 대학교를 다니는 것이 유리했기 때문이다.(당시 중선거구 : 원주, 원성, 횡성, 홍천)

대학에 들어온 후, 나는 다음 진로를 위해 고시를 선택했다. 사관학교 입학이 좌절된 상태에서, 장성 출신 다음으로 고시 출신 인사의 국회 입성이 많았기 때문이다. 나는 입학식이 끝나고 12·12사건으로 전국적으로 학생 데모가 한창일 때 고시 공부를 위해 책을 싸 들고 당시 춘성군(춘천의 과거지명) 남면 강촌리에 있는 강선사로 갔다. 강선사에서 단청 공사를 하고 있었던 친구의 소개였다. 8개월 동안 열심히 고시 공부에 임했다.

그러던 중, 해가 바뀌고 1981년 2월이 되었다. 그때 다시 심각한 고민에 빠지게 되었다. 전두환 보안사령관이 10대 국회를 해산시키고 새로 11대 총선을 실시한다고 발표했기 때문이다. 고시를 계속하는 방향과 한 살이라도 젊은 나이에 국회의원에 도전하는 방향을 두고 고민을 거듭했다. 3일 밤낮을 고민한 끝에 고시 공부를 접고 국회의원의 꿈을 위해 총선 출마를 결심했다.

결심이 서자, 책 보따리를 싸 들고 홍천 집으로 향했다. 아버지께서는 마차를 끌고 산으로 땔나무를 하러 가셨다고 했다. 나는 아버지가 계신 곳에 가서 함께 나무를 싣고 집으로 왔다. 아버지는 갑자기 집으로 돌아온 이유를 물어보셨다. 당시 총선 출마에 온 머리가 쏠려 있었던 나는 아버지께 국회의원에 출마에 필요한 공탁금 1,500만 원을 구해 달라고 하였다. 아버지는 그 말씀을 듣고 휘청이셨다. 내가 급히 아버지를 안았고 집에 계시던 어머니와 할머니께서 놀라 나오시더니 팔과 다리를 급히 주무르셨다.

한참 만에 정신을 차리신 아버지께서는 꼭 지금 출마해야겠느냐 물으셨다. "네" 하고 대답했다. 나의 대답이 끝나자 아버지는 다시 눈을 감으셨다. 그렇게 나는 집을 나왔다. 내가 집을 떠난 뒤 집에서는 또다시 큰 소란이 일었다. 지금도 그때의 불효를 잊지 못하고 있다. 당시 큰 소 한 마리가 30만 원이었다. 소 50마리 값이었으니 아버지의 가슴이 어떠하셨겠는가?

나는 집을 나와 리사무소에서 일하던 친구 사장환에게 무소속 출마를 위해 필요한 1,500명의 추천서를 부탁했다. 그리고 서울 면목동에서 오뚜기 식품에 다니던 친구 최정식을 찾아가서 출마의 결심을 밝혔다. 두 아이의 아빠였던 친구는 나를 돕기 위해 회사에 사표를 쓰고 함께 홍천으로 내려왔다. 1주일 뒤 선관위 등록을 이틀 앞두고 아버지께서 집으로 오라고 하셨다. 아버지는 어떻게 마련하셨는지 1,500만 원을 내놓으셨다.

등록 마지막 날 아버님을 모시고 원주시청에 있는 선관위로 갔다. 양복이 없어서 일찍 결혼한 친구의 윗옷만 빌려 입고 사진을 찍었다. 선관위에는 모든 후보자와 직원, 기자들이 기다리고 있었다. 등록을 결정하기 직전 선거관리위원 중 한 분이셨던 원주여자전문학교 이사장께서 말씀하셨다. "이봐 젊은이, 의도와 패기는 좋지만 대학 졸업을 하고 하면 안 되겠나?" 나는 그 순간 아버지와 눈이 마주쳤다. 아버지의 눈은 걱정으로 가득 차 있었다. 득표수가 부족하면 1,500만 원은 고스란히 국고로 간다는 사실을 아버지께서도 알고 계셨기 때문이다.

잠시 밖으로 나와 깊은 생각을 했다. 그리고 다시 들어와 "네, 졸업하고 다음에 하겠습니다."라고 말했다. 25세, 대학교 2학년 1학기 때였다.

도전과 성공

첫 번째 도전 : 29세 때 제12대 총선에 도전해서 10,248표를 받고 낙선했다. 비록 낙선했지만 모두가 놀라는 득표수를 기록했다. 훌륭한 도전이라 생각했다. 그때 공탁금 700만 원이 국고로 귀속되었지만, 아버지께서는 "도박한 것보다 낫다." 하시면서 보약 한 박스를 해주셨다. 나는 그 보약을 동지들과 함께 나눠 마셨다.

두 번째 도전 : 32세 때 제13대 총선에 출마하여 6명의 후보자 중 차점으로 낙선했다.

세 번째 도전 : 첫 번째 꿈을 26년 만에 이루었다. 제14대 총선에서 5명의 후보자 중 52.7%의 득표율로 전국 최연소 당선자로 국회의원이 되었다. 당선되던 날 새벽, 선산에 혼자 올라가 조상님들께 "손자 조일현이 국회의원이 되었습니다!"라고 소리쳤다. 아버지께서는 "내 아들이지만 다시 보인다." 하시면서 "반듯한 길을 가라"고 말씀하셨다. 나는 당선 소감을 묻는 기자들에게 "바늘로 소를 잡았다"라고 말했다.

두 번째 꿈 : 통일된 한반도의 의원내각제 수상

제14대 최연소 국회의원이 된 나는 열심히 배우며 성실하게 의정 생활을 했다. 어려운 농촌과 이웃을 위해 일하는 일꾼이 되겠다던 의지를 실천에 옮겼다.

정치인이 되고 나니 지역에 한정되어 있었던 시야는 전 국가를 조망하는 것으로 확장되기 시작했다. 많은 선배·동료 의원들과 함께 교류하면서 한국 정치가 가지고 있는 고질적인 문제들을 생생히 공감하게 되었고, 그 해결에 사명감을 느끼게 되었다. 심화되고 있는 지역 갈등과 이념 대립 그리고 끝나지 않는 남북관계 문제는 끝없이 나라를 분열시키고 정치 발전을 가로막고 있었다. 이러한 문제들은 대통령 1인에게 제왕적 권력을 보장하는 대통령중심제 속에서는 해결이 요원하였다. 심지어 대통령중심제는 이러한 문제를 더욱 심각하게 만드는 중요한 원인을 제공하고 있다는 데 많은 정치인이 공감하고 있었다.

문제 해결을 위해서는 의원내각제로의 개헌이 필요했다. 의원내각제가 이상의 모든 문제를 일시에 해결한다고 볼 수는 없다. 그렇지만 대통령중심제에 비해 문제를 해결하는 데 유리한 제도적 환경을 제공할 수 있다. 그래서 1993년 제헌절날, "의원내각제로의 개헌을 위해 사명을 다하겠다"는 나의 제2의 꿈이 설정됐다. 그리고 2021년 오늘까지 한결같이 그 길을 걷고 있다.

의원내각제 추진을 위한 그간의 실천 과정

- 의원내각제를 표방하는 자유민주연합과 통일국민당의 합당에 적극적으로 참여했다.(1994)

- DJP연합 당시 자민련 지방공약기획단장으로서 당선 후 집권 1년 내 의원내각제 개헌 실천을 김대중 후보와 합의하고 단일화를 추진하였다.(제15대 대선 당시)

- 의원내각제 실시를 강조하는 서적을 발간했다.
  2004년 「미래 한국의 권력구조」
  2017년 「광화문 아고라」

- 국회 정부형태와 권력구조 연구회 대표의원을 역임했다.
  (제17대 국회)

- 10여 년간 상지대학교와 경희대학교에서 의원내각제를 포함한 리더십과 중국 정치체제 등에 관하여 강의했다.

- 10번의 출마 동안 의원내각제를 공약으로 제시해 왔다.
  (1985 ~ 2020년까지)

의정활동과 자기관리

나는 25세부터 정치판에 뛰어들었다. 그동안 10번 출마하면서 겨우 두 번 당선되었지만, 정치판 한가운데서 배우고 익히며 최선을 다했다. 권모술수와 모함이 난무하는 정치판에서 40년을 활동하면서도 현행선거법상 범죄경력은 하나도 없다.

주요 입법활동 내역

- 별정직 5급이 담당하던 전국의 읍·면·동장을 일반직 5급 공무원으로 대체, 동시에 공무원의 각종 선거개입을 금지하는 지방자치법 개정 주도(정치 특위 활동)

- 농·수·축·임업협동조합장 선거의 선거관리위원회 위탁 관리(대표발의)

- 국유림 임대사업법 개정을 통한 임업인과 농촌 소득 향상(대표발의)

- 육류 원산지 표시제법 등 축산관련법 등을 다수 개정(대표발의)

- 보건진료소 소장의 출퇴근 업무를 위한 법안 개정(대표발의)

- 전국 향교 시설의 종합부동산세 면세 혜택 제공(대표발의)
  그 외 다수.

2005년 경실련이 뽑은 **"법률안 가결율 1위 의원"** 선정

적임자 조일현

　나는 소신을 다하는 정치인으로 최선을 다했다고 자부한다. 초·중·고 학생회장은 물론 실장, 반장을 내내 도맡아 했다. 졸업 후에도 고등학교, 대학교, 대학원 총동문회장은 물론 사회단체장도 여러 번 했다. 크고 작은 단체와 조직의 장을 맡아오면서 추천을 받은 적은 있지만 나는 단 한 번도 남의 손에 떠밀려 앞에 나선 적이 없었다. 스스로 할 수 있는 일이라 믿었고, 좋아하는 일이었으며, 잘할 수 있는 일이라 생각하고 스스로 앞장섰다.

　조직의 장으로서 나는 나에게 주어진 위치와 환경에서 내가 할 수 있는 최선을 다해 조직의 발전을 위해 노력했다. 동지들이 어려움을 겪고 있을 때 내가 해결할 수 있는 것이라면 내 일처럼 여기고 도왔다.

　정치 인생을 시작하고, 야당에는 불모지와 다름없었던 강원도 땅에서 홀로 야당이 되어 지구당을 만들고 동지를 찾았다. 그렇게 하루하루를 보냈고 이제는 크고 작은 일에도 기꺼이 함께해 주는 단단한 동지들을 곁에 두고 있다.

　강원도에서 야당 정치인으로 살아오며 항상 기울어진 운동장에서 경기를 시작했으나 10번의 출마 동안 한 번도 지역을 옮기거나 출마를 꺼렸던 적이 없었다. 스스로 가망이 없는 상황이라고 생각했더라도 내가 해야만 하는 일이라 생각하고 기꺼이 야당 간판을 가슴과 등에 달고 연단 위에 섰다.

국회의원으로 활동하는 동안에는 지역에 헌신했고 지역 주민들의 민원을 하나하나 허투루 처리하지 않았다. 마음으로 도울 수 있는 일이 있으면 내 일처럼 간절히 성공을 바랐고, 정치로 도울 수 있는 일이라면 기쁘게 뛰어다녔다. 문제가 있다면, 항상 앞장섰고 책임과 비난이 무서워서 해야 할 일을 회피하지도 않았다.

나는 스스로 리더의 역할을 좋아하고, 원하며, 그에 맞는 적성을 가졌다고 생각한다. 남들보다 늦게 학업을 마쳤지만, 공부를 게을리하지 않았다. 궁금할 때는 물었고 필요할 때는 연구하고 공부했다. 그렇게 두 개의 박사학위를 취득했다.(행정학박사, 법학박사)

40년의 정치 생활 동안 나의 능력과 경험은 성장을 멈춘 적이 없다. 내가 지켜온 사명감의 진심은 내가 걸어온 길을 훑어본 사람이라면 인정할 수밖에 없다. 나는 자신에게 당당하게 말한다. "능력과 경험 그리고 사명감을 갖춘 정치인으로서, 대한민국이 의원내각제로 권력구조를 바꾸는 일에 적임자가 될 수 있다."

나는 계속 노력할 것이다.

국민 모두가 나와 같은 자성을 통해서 적임자로서 스스로를 발견하고 새로운 도전에 함께하기를 기대한다.

3절 우리 모두가 적임자

부강한 선진강국을 만드는 것은 한 지도자를 포함한 어느 한 집단만이 주도하는 것은 아니다.

국민 모두가 너도 책임자, 나도 책임자가 되어 자신부터가 변화와 개혁의 주체가 되어야 한다. 꼭 정치에 관여하는 것만이 주가 아니다. 각자가 하고 있는 일과 각각의 분야와 위치에서 적임자의 역할을 감당해 낼 때 우리의 꿈과 희망은 현실이 될 수 있다. 즉 너도 적임자, 나도 적임자, 우리 모두가 적임자의 길을 위해 선봉에 서야 한다. 좌고우면하면서 결론 없는 토론만을 거듭하며 망설일 때가 아니다.

의원내각책임제로 권력구조를 바꾸고 적임자를 선출하는 일에 최선을 다하자. 시대교체, 세대교체, 정권교체 등을 외치지만, 우리 현실에 맞는 권력구조를 바꾸고 적임자를 선택하는 일이 나라를 위한 순리가 될 것이다.

국민 모두가 진정한 적임자의 길을 가자! 자기 자신부터 선봉에 서는 실천자가 되자. 남에게 의지하고 기대하거나, 막연히 기다려서 되는 일은 없다. 자신의 희망과 욕망이 채워지지 않는다고 불평불만을 일삼으면서 한숨을 쉬거나, 남을 탓하는 자세로 세상을 바꿀 수는 없다. '아이 낳고 싶은 나라'를 만드는 일에 내가 할 수 있는 일과 역할을 찾고 작은 일부터 실천하며 대안을 제시하는 적극적인 나라의 주인이 되자.

3장

무엇이 핵심인가?

1절 올바른 선택을 하자

'아이 낳고 싶은 나라'는 많은 것을 함축하고 있다. 정부에 대한 국민의 신뢰도가 높고, 예측 가능한 정치와 정책이 자리잡은 나라다. 그렇다면 우리나라는 아이 낳고 싶은 나라일까? 출산율은 OECD 최저이며, 2020년 한국 인구는 한국 전쟁 이후 처음으로 감소하기 시작했다. 심하게 말하면 우리나라는 이제 아이 낳고 싶지 않은 나라가 되어가고 있다.

25번씩이나 대책을 발표하면서도 아파트 정책 하나 바로잡지 못하는 상황 속에서 출산을 기대할 수 있겠는가? 그렇게 형편없는 정책을 반복하고도 책임지는 사람은 하나 없고 투기꾼 사냥에만 목을 매는 형국이다.

'아이 낳고 싶은 나라'가 되기 위해서는 안정적인 국정 운영이 필요하다. 그리고 안정적인 국정 운영이 가능하려면 책임정치가 필요하다. 책임정치 실천을 위해서 우리 국민은 두 가지 올바른 선택이 절대적으로 필요하다.

첫째, 의원내각제가 필요하다

대통령중심제는 장점보다 단점이 많다. 그것을 단적으로 보여주는 것이 OECD 국가들이다. OECD는 경제선진국가들의 기구로, 대다수 OECD 국가들이 의원내각제를 채택하고 있다. 안정적인 정책운영과 경제운영을 가능하게 하는 데 의원내각제가 유리한 정치 환경을 제공하고 있음을 보여주는 것이다.

둘째, 적임자를 국가지도자로 뽑자

능력과 경험 그리고 사명감을 갖춘 사람만이 적임자가 될 수 있다. 죄인을 조사하고 기소하고 재판하는 경험만으로는 정치 지도자가 될 수 없다. 만약 자질이 있다면 자격을 인정받을 만큼 경험을 쌓은 뒤에 해야 한다. 정치는 '법적으로 하자' 없는 것으로 해결되는 재판과는 다르다.

정치는 결국 사람이 한다. 도덕적으로 하자가 있는 사람에게 정치를 맡겨서는 안 된다. 정치인의 죄는 시효가 없다. 자신과 주변이 깨끗하지 못하다면 아예 나서지 말아야 한다. 자잘한 실수는 용인될 수 있다 하더라도 거짓말로 남을 속이고 세상을 속이는 일은 정치판과 정치인에게 용인될 수 없다.

뚜렷한 자기만의 비전과 정책이 없는 상태에서 남을 비방하는 실력만 갖춘 인사는 적임자가 될 수 없다. 지연, 학연, 혈연 등 맹목적인 기준으로 투표를 해서는 '아이 낳고 싶은 나라'를 만드는 적임자를 뽑을 수 없다. 모든 면을 꼼꼼히 살펴보고 따져 본 후에 적임자를 선택하자.

2절 대안을 제시하자

국민은 나라와 정부에 대한 무한한 책임과 권한을 동시에 가지고 있다. 주인으로서 국민은 한국 사회의 문제들을 관심을 가지고 관찰해야 하며, 그 대안을 생각해야 한다. 대안을 스스로 만들어 내는 것도 좋고 여러 정치인이 제안하는 대안 중에서 더 효과적인 대안이 무엇인지 따져보는 것도 좋다. 이러한 노력 없이 온전히 정치에 맡겨 둔다면, 평가는 무엇으로 하고 지지와 비판은 누구를 향할 것인가? 대안 없는 지적은 불평이나 불만에 지나지 않는다. 여기서는 평소 생각했던 문제들과 그 대안을 간단히 제시하고자 한다.

부동산 정책

나는 17대 국회에서 건설교통위원장을 지낸 바 있다. 국회에서 부동산 문제를 주관했던 경험자로서 요즘 정부의 부동산 정책을 보면 의아한 생각이 드는 것이 사실이다. 현재 대한민국의 부동산 정책은 아파트 정책에 지나지 않는다. 오르는 아파트 값을 잡겠다고 아파트 공급에만 매달리는 모습은 마치 타오르는 불을 불로 끄려는 무지한 정책이다. 불은 물로 끄는 것이다.

부동산 문제를 해결하기 위해서 농촌 개발 정책에 대한 새로운 프레임이 필요하다. 수도권의 집값이 오르는 것은 정부 예산을 수도권에만 집중하기 때문에 농촌인구, 심지어 중·소도시의 젊은이들조차 기회를 찾아 도시로 몰려 발생하는 것이 아닌가? 국토균형 발전 차원에서도, 식량 자급을 위해서도, 정부 예산을 지방과 농촌에 대대적으로 투자하여 지방과 농촌인구의 수도권 유입을 줄이고 수도권 인구를 밖으로 분산하는 것이 답이다. 투자예산 절반 이상을 수도권에 쓰면서 사람이 도시로 몰려 집값이 오른다고 걱정한다. 서울 아파트 값을 내리기 위해 농촌을 개발하는 새로운 정책 프레임이 필요한 이유다.

지방과 농촌의 부동산 정책은 수도권과 구별해서 접근해야 한다. 특히 현재의 획일적인 정책 기조를 바꿔야 한다. 그래야만 수도권의 아파트 값을 근본적으로 잡을 수 있다. 지역에 따라, 종류에 따라, 세목과 세율을 구별해서 차등해 매겨야 한다. 지금처럼 세율을 전국 단위로 획일화해서는 안 된다. 같은 지목의 땅, 같은 아파트라 할지라도 수도권과 지방에 따라 취득세와 양도세의 적용세율이 달라야 한다.

인구 분산 정책이 아파트 값을 내리게 하는 길이며, 그 길은 인구가 줄고 있는 중·소도시와 농촌에 대대적인 투자로 젊은이들에게 희망을 주는 것이 정답이 될 것이다.

연금 문제 해결

국가는 해마다 공무원과 군인 출신들의 연금 부족을 메우기 위해 수많은 예산을 지원하고 있다. 언제까지 국가 예산으로 막대한 연금 지급을 지원할 것인가? 이제 연금은 전 국가적 부담으로 돌아오고 있다. 인구 감소 상황에서 미래 연금 기금의 정상적인 운영이 불투명해지는 가운데 현재 연금을 납부하는 사람들의 걱정은 커지고 있다. 공무원이 된 젊은이들은 안정적인 직장과 연금을 바라보고 많은 시간과 노력을 투자했다. 그런데 연금 납부는 납부대로 하고 정작 자신이 수령 연령이 되었을 때, 연금을 부족하게 받거나 받지 못할 가능성이 증가하고 있는 것이다. 현존하는 거의 유일한 대안은 세금으로 부족한 연금을 메우는 방법인데 지금과 같은 부정적인 여론 속에서 지속 여부는 점점 더 불투명해지고 있다.

연금 문제를 해결하기 위해서는 약정 변경이 시급하다. 현재까지 약정을 체결한 이들에게는 체결 시 계약한 대로 연금을 나눠주는 한편, 합리적인 연금을 정해 새로 계약을 체결할 사람들에게 선택권을 주어야 한다. 그 기준은 국민연금과 형평성을 맞출 필요가 있다. 이렇게 되면 장기적으로는 연금 부족 현상을 정부 예산으로 지원하게 되는 부담은 줄게 될 것이다.

식량자급률 제고

사람들은 넘쳐 나는 음식 속에서 우리나라의 식량자급률이 20%가 채 되지 않는다는 사실을 인지하지 못하고 있다. 낮은 식량자급률 문제는 줄어드는 인구 만큼이나 심각한 문제다. 쌀을 제외한 모든 품목에서 한국의 식량자급률은 현저히 부족한 상태이다. 현재 우리가 소비하고 있는 식량 중 80%가 수입되고 있다는 사실을 국민들은 알아야 한다.

무너진 농업을 부활시켜 식량자급률을 높여야 한다. IMF사태 때 종자 산업이 무너진 한국 농업은 한계에 와 있다. 급속한 인구 유출로 농촌은 점차 시들어가고 있다. 고령화를 넘어 소멸하고 있는 현실이다. 농업 인구를 늘리는 방법은 농촌을 재생시키는 것이다.

젊은 농업인을 확보하고 양성하는 지름길은 농업에 대한

과감한 투자와 더불어 공무원이나 군인 연금과 비슷한 농업인 연금제도의 도입이다. 현재 공무원 준비생이 수십만 명이라고 한다. 그들 중 절대 다수가 농촌 출신이다. 이들이 일정 기간 농업에 종사해 60세가 되었을 때 공무원이나 군인 수준의 연금을 보장해 주면 많은 젊은이들이 농촌으로 돌아와 정착할 것이다.

또한 현재의 농산물 유통과정의 비효율성을 혁파하는 것도 반드시 필요하다. 농사는 파는 것이 곧 소득이다. 아무리 잘 지어도 팔지 못하면 퇴비가 된다. 판매자는 복잡한 유통 과정 때문에 가격이 올라 근심이고 소비자는 가격이 비싸서 울상이다.

생산자가 수확한 농산물이 소비자에게 도달하기까지 5~6개의 과정이 필요하다. 재미있는 사실은 그 많은 과정을 거쳐 결국 도착한 곳이 바로 생산자의 옆집일 수도 있다는 사실이다. IT 기술이 가장 발달한 국가인 한국에서 이러한 비효율성은 이해하기 어렵다.

농산물 유통과정의 비효율성은 농산물 가격 결정 문제 때문에 발생한다. 정부는 일부 유통업자의 의도적인 농산물 가격 조정으로 발생할 수 있는 독과점 문제를 방지하기 위해 현재와 같은 도매 시스템을 유지하고 있다. 의도는 좋지만, 해결 방식이 틀렸다.

  문제를 해결하기 위해서는 농산물 역시 시장에 맡겨야 한다. 독과점을 철저히 방지하면서, 생산자와 소비자가 효율적으로 연결될 수 있는 시스템을 만들어야 한다. 농산물 가격이 실시간으로 공개되면서 가격은 수요와 공급에 따라 자연스럽게 결정될 것이다. 최근 AI 기술을 활용한 농산물 가격 예측 프로그램을 활용하는 것도 고려해보아야 한다.

  특히, 지역마다 중심 거점을 만들고 플랫폼 시스템을 구축해야 한다. 거점 플랫폼은 광활하고 촘촘한 네트워크를 가지고 있는 농협의 지역 센터를 활용하는 것도 방법일 것이다. 거점 플랫폼을 통해 IT 기술에 익숙하지 않은 생산자를 돕는 한편, 체계적인 소비자 응대와 유통 관리를 실현해야 할 것이다.

  또한 개인 유통판매 업자의 등록은 자유롭게 허용하여 원활한 상품의 유통을 돕되, 독과점을 통해 부적절한 이득을 취하려는 업자들을 대상으로 폐업 처리까지 가능한 처벌 규정을 두어 우려하는 상황이 발생하지 않도록 관리해야 할 것이다.

농촌 마을경제

'마을경제 상생네트워크'로 유통시장체계를 개혁할 수 있다. 급속하게 변화하는 시장경제 상황에 대처하기 위해서는 그에 상응하는 발빠른 노력이 필요하다.

나는 그 대안으로 다목적 통합 플랫폼 '마을경제 상생네트워크'를 제시한다. 마을경제 상생네트워크는 생산자와 소비자가 하나의 플랫폼에서 서로의 수요와 공급을 확인하고 직접 연결하여 효과적인 물류체계 구성을 가능하게 하는 네트워크이다.

또한 마을경제 상생네트워크는 물류와 관련된 정보 이외에 다양한 지역 정보를 지역 주민들이 공유하면서 새로운 수요를 개발하고 공급 방식을 창출하면서 마을 경제의 물적 질적 개선을 용이하게 한다.

'마을경제 상생네트워크'

마을경제 상생네트워크는 IT기술이 제공하는 혜택을 남녀노소, 지역 구분 없이 효과적으로 활용하여 모두의 복지를 향상시키기 위한 목적에서 시작되었다.

IT 기술은 전 세계 사용자들을 가깝게 만들었지만, 공급자 차원에서 보면, 여전히 혜택은 일부에 쏠려 있는 것이 사실이다. IT 기술 혁명은 이미 오래전 이야기지만, 소상공인이 받고 있는 IT 혜택은 기껏해야 가게 매출을 빨리 확인하고 트렌드를 확인하는 정도에 불과하고 어르신들은 그 조차도 어렵다. 전문적 기술의 어려움과 비용 때문에 비대면 시대에도 불구하고 누구나 사용하는 스마트폰 검색에조차 노출되지 못하는 무방비 상황에 놓여 있는 것이다. 그래서 마을의 소규모 생산자는 좋은 상품이 있어도 온라인 소통이 어려워 판매가 힘들고, 소비자는 소상공인들의 좋은 상품을 구매하고 싶어도 신뢰할 수 있는 정보를 쉽게 찾을 수 없어 효율적인 구매가 어렵다.

농촌마을 경제를 부활시키려면, 지금부터라도 소비자와 소통이 막혀버린 95% 이상의 소규모 사업자들에 대한 교육과 이들이 활동할 수 있는 기술적 공간이 필요하다. 그래서 온라인으로 소비자와 빠르게 소통하고 마을 단위로 경쟁력을 갖출 수 있게 지원하는 체계적이고 효과적인 '마을경제 상생네트워크'를 구상하게 되었다.

마을경제 상생네트워크는 소규모 사업자들에게 온라인 소통을 가능하게 하고, 오프라인 QR코드 장치를 통해 생산 이력과 판매정보를 바로 확인하여 소비자가 신뢰할 수 있는 기술적 장치를 포함한다. 이를 통해 마을 경제에 대한 모든 사용자의 신뢰와 의존을 증가시키고 마을 경제가 단위별로 하나의 경제 권역을 형성시켜 자생성을 가지게 될 것이다.

마을경제 상생네트워크를 실현하기 위해 플랫폼개발과 콘텐츠개발, 마케팅, 교육 전문가들을 결합하여 마을 중심의 온·오프라인 통합생태계를 하나의 플랫폼 시스템으로 엮고, 쇼핑과 관광을 결합하여 소비 영역을 확대해야 한다.

본 시스템을 도입하면 대형유통망에 팔 수 없는 마을의 소규모 생산자와, 신뢰할 수 있는 정보를 원하는 소비자를 선으로 연결하여 빠르게 소통할 수 있게 된다. 이를 통해 생산자, 판매자, 소비자 모두가 상생하는 새로운 패러다임이 지역에 자리잡게 되고, 지역 단위의 자생적 경제권이 시작하게 될 것이다. 또한 일자리 창출과 지역 경제 개선으로 일자리를 구하려는 청년 인재의 외부 유출을 막고 가정을 계획하는 젊은이들에게 경제적 기회를 제공할 것이다.

* 마을경제 상생네트워크에 대한 구상과 자료는 ㈜가치가의 최영환 대표의 도움을 받았다.

3절 사명감과 역할

반듯한 나라

아이 낳고 싶은 부강한 나라를 만드는 데 가장 중요하고 필요한 일은 국민 모두가 각자 사명감을 가지고 현 위치에서 자신이 할 수 있는 적임자의 역할을 충실히 하는 것이다. 마치 "우리가 먹는 한 끼 식사는 누구를 막론하고, 일생에 단 한 끼밖에 없다."라는 사실을 인식할 때, 음식의 소중함을 더욱 느끼며 먹을 수 있는 것과 같다.

사명감을 가진 적임자

우리 모두는 현재 각자 크고 작은 책임을 지고 있다. 공적이나 또는 사적으로 국민은 꼭 직책이 있어야만 책임자가 되는 것이 아니다. 이 나라에 살고 있다는 것이 중요하다. 지금 하고 있는 일에 대하여 사명감을 가지고 적임자 역할을 하자.

바꾸면 세상이 바뀐다

"바뀌어 봐야 얼마나 바뀌겠나?" 정치를 통한 변화를 기대하지 않는 사람들의 말이다. 선거운동을 다니면 종종 그렇게 이야기하는 사람들을 만나곤 한다. 그러면서 그런 사람들은 자신은 오래전부터 투표를 하지 않는다고 자랑스럽게 말한다. 아쉬운 마음과 안타까운 마음이 교차한다. 어디서부터 잘못된 것일까?

정치를 바꾸면 세상도 바뀐다

나는 선거에 출마도 많이 했지만, 선거 개혁에도 많은 참여를 했다. 내가 만든 법 중에 가장 획기적인 변화를 가져온 것은 별정직 5급 공무원이 하던 읍·면·동장을 일반직 5급 공무원이 담당하도록 법을 개정한 일(국회 정치 특위 활동을 통하여)이었다.

제14대 총선까지만 해도 당시 별정직 5급 공무원들은 집권당에 의해 선임되었다. 선임된 읍·면·동장은 선거에 조직적으로 개입하여 집권당의 정권 연장을 노골적으로 도왔다. 그들은 이·통·반장을 선봉에 세우고 선거 때마다 사실상 최전선 사령탑 노릇을 해왔다. 농촌으로 갈수록 지역사회가 개인에게 가지는 영향력은 상당히 크다. 집 앞 하수구, 주차장 하나 보수하는데도 그들의 입김에 영향을 받기 때문이다.

별정직 읍·면·동장의 부정한 선거개입을 근절시키기 위해서 일반직 공무원으로 그들의 자리를 대체하도록 하였다. 이 법을 통해 대한민국 공무원 사회와 선거 사이에 놓여 있던 부적절한 관계를 제거하고 선거문화를 획기적으로 바꿀 수 있었다. 지역사회에서 공무원 완장을 차고 선심 쓰듯 공무를 봐주며 노골적으로 집권당을 지지하던 무리가 사라지자 선거는 투명해졌고 행정은 필요한 곳에서 필요한 만큼 이루어졌다. 대한민국 공무원 사회와 선거에 중요한 혁신이었고 민주주의 발전에 커다란 공헌이었다고 자평한다.

후에 나는 혼탁했던 농협·수협·축협·임협 등 조합의 조합장 선거도 선관위에 위탁할 수 있는 법을 대표발의 했다. 조합장 선거가 투명해지니 조합의 운영은 투명해지고 수익은 커졌다.

나는 변화를 주도했고, 그 결과 세상의 변화를 목격했다. 국민들도 관심만 가진다면 변화가 이끌었던 새로운 세상을 확인할 수 있을 것이다. 내가 오랜 시간 의원내각제를 주장하고 새로운 대한민국을 꿈꾸는 것처럼 말이다.

읍·면·동장을 별정직에서 일반직으로 바꾼 과정

나는 29세 때 야당으로 제14대 총선에 출마해서 64세까지 10번을 연달아 출마했다. 제14대 총선까지 공무원의 선거개입은 조직적이었고 상당히 공개적이었다. 공무원의 선거개입 과정에서 별정직 5급 읍·면·동장은 주도적인 역할을 맡았다. 공직선거법이 개정되어 선거자금 제한과 공무원 선거개입 금지가 완전히 시행되었던 것은 제17대 총선이 되어서야 가능했다.

집권세력이 공무원 조직을 동원하여 선거에 개입하였음에도 불구하고 나는 제14대 총선에서 야당 후보로 출마하여 당선되었다. 나는 선거 때마다 반복되는 별정직 공무원들의 선거개입을 보면서 정권교체는 요원하다고 생각했다.

그러던 와중에 지역구인 홍천에서 의아한 일이 일어났다. 총선 직전 동면 면장을 하던 모씨가 사표를 내고 당시 민자당 지역구 사무국장이 되었다가 선거가 끝나자 군수가 다시 모씨를 홍천 읍장으로 임명한다는 것이었다. 보상 차원의 승진이었다.

나는 국회의원으로서 그러한 부적절한 행태에 항의했다. 그러자 그 인사는 자신이 두 달 전 사표를 내고 나왔던 동면 면장으로 다시 임명되었다. 군수의 끈질긴 임명은 부정 선거 개입을 대놓고 인정하는 것과 마찬가지였다.

국회에서는 본회의 대정부 질문이 진행되고 있었다. 나는 대정부 질문 순서를 기다리고 있던 이부영 의원님을 찾았다. 그리고 이해할 수 없는 별정직 5급 읍·면장 인사와 관련하여 질문 요지를 드리며 질문을 부탁했다. 이 의원님의 질문에 당시 이해구 내무부 장관은 확인해 보겠다는 답변을 했다. 그리고 난 뒤, 나는 우리 지역의 사례를 요약하여 이부영 의원님께 보충질의를 부탁했다. 3일 뒤인 월요일 동면 면장은 곧바로 해임되었다.

나는 이를 제도화해야 한다고 생각했다. 그래서 통일국민당 소속 국회 정치특위 위원을 당에 자청했다. 그리고 별정직 5급을 일반직 5급으로 바꾸는 개정 법률안 통과를 위해 노력했다.

법 개정을 위해서는 여당과 야당 모두의 동의가 필요했다. 당시 여당은 일반직 공무원과 사이가 좋지 않았다. 김영삼 대통령이 공무원들의 갑근세 반환을 요구했기 때문이다. 그래서 여당은 공무원 조직과 관계 개선이 필요했다. 그래서 당시 여당 간사를 맡고 계셨던 박희태 의원을 찾아 해당 법 개정이 일반직 공무원들로부터 좋은 반응을 얻을 것이라 말씀드렸고 긍정적 대답을 받았다.

곧이어 야당 간사 박상천 의원을 찾아갔다. 야당에게 있어 정권교체는 최우선 목표였다. 그래서 별정직 공무원의 개입 근절이 정권교체에 커다란 도움이 될 것이라 제안했다. 역시 즉석에서 긍정적인 답변을 받았다.

이후 3일간 여야간사의 합의가 진행되었고 관련 법안은 통과되었다. 전국적으로 약 4천 3백 명의 별정직 읍·면·동장이 현역 일반직 공무원으로 일제히 바뀌었다. 별정직 공무원들은 원할 경우 일반직 6급으로 복직할 수 있는 단서 조항을 두어 구제했다.

나는 지금도 그때의 경험을 떠올리면 자긍심과 보람을 느끼곤 한다.

국민으로서 적임자 역할을 하자.

우리 국민은 할 수 있다. 유명한 영국 프리미어리그 축구 결승전에서 있었던 '적임자' 감독과 '적임자' 선수들이 만들어 냈던 기적 같은 승리의 사례를 거울삼아 우리 국민 모두가 '아이 낳고 싶은 나라'를 만들자.

리버풀 FC가 만들어낸 기적

2005년 5월 25일 봄, 터키 이스탄불에서는 04-05시즌 UEFA 챔피언스 리그 결승전이 열렸다. 결승전에 오른 두 팀은 이탈리아 세리에 A리그의 AC밀란과 영국 프리미어리그의 리버풀이었다.

두 팀 모두 강팀이었지만 당시 AC밀란은 세계 최고 선수들이 포진되어 있었으며 팀 분위기도 최전성기에 올라와 있었다. 리버풀은 상대적으로 약체였으며, 팀 분위기도 AC밀란의 그것만 못했다. 세계의 유명 축구 전문가들과 언론들 모두 AC밀란의 승리를 점쳤고, 경기장에 입장한 선수들의 얼굴에서도 이미 희비가 묻어나는 듯했다.

전반전이 시작되었다. 경기는 예상대로 흘러갔다. AC밀란 선수들은 무서운 기세로 상대편 골대를 위협했고 리버풀 선수들은 막기에 급급했다. 결과는 참담했다. 경기 시작과 동시에 AC밀란 주장 말디니의 선취 골을 시작으로 내리 세 골이 터졌다. 리버풀 응원단은 침묵했고 선수들은 고개를 떨어뜨린 채 라커룸으로 향했다.

그러나 리버풀의 감독 베니테즈만은 달랐다. 그는 라커룸에서 힘없이 바닥만 바라보고 있는 선수들을 보며 외쳤다.

"하프타임 이후 경기장에 올라설 때 고개를 굽히지 마라. 머리를 높게 쳐들어라. 우리는 리버풀이고, 너희는 리버풀을 위해 뛰고 있다. 절대로 그것을 잊지 말아라. 우리를 응원하는 팬들을 위해 고개를 들어라. 우리를 응원하는 팬들을 위해 너희는 그래야 한다. 만약 너희가 고개를 떨어뜨린다면, 그땐 너희 스스로를 리버풀 선수라 부를 수 없을 것이다. 우리가 기회를 만든다면, 충분히 만회할 가능성이 있다. 할 수 있다고 믿어라. 그렇다면 우리는 반드시 해낼 수 있다. 나가라. 가서 영웅이 될 기회를 잡아라."

베니테즈 감독의 외침에 선수들은 다시 힘을 내

었다. 경기장에 입장하는 선수들의 고개는 하나같이 빳빳하게 세워져 있었다. 패색이 짙어 있는 어려운 상황 속에서도 용기를 잃지 않은 선수들에게 리버풀응원단은 그들의 응원가로 화답하였다.

"You Will Never Walk Alone."
당신들은 절대 혼자 걷지 않으리.

후반전이 시작되었다. 그리고 기적이 시작되었다. AC밀란 선수들을 막기에 급급했던 리버풀 선수들이 도리어 골문을 위협하기 시작했다. 전반 9분 리버풀 주장 제라드가 골을 넣으며 추격을 시작했다. 그 후 연이어 두 골이 추가로 터지며 점수는 3:3 동점이 되었다. 후반전이 끝나고 연장전까지 동점 상황은 계속되었다. 승부차기에서 두 팀의 운명이 결정되었다. 후반전에 내리 세 골을 내준 AC밀란 선수들의 눈빛에는 패배의 두려움이 가득했고 리버풀 선수들의 눈에서는 마지막 투지가 불타올랐다. 결과는 리버풀의 3:2 승리였다.

리버풀과 AC밀란의 경기는 '이스탄불의 기적'이라 불리며 세계 축구 역사에서 두고두고 회자되고 있다. 이스탄불의 기적은 선수들이 흘린 땀과 팬들의 응원의 결과였다. 그리고 기적의 중심에는 리버풀 감독 베니테즈가 있었다. 베니테즈마저 낙담에 빠져 판단을 포기하고 경기를 포기했다면 이스탄불의 기적은 없었을 것이다.

"변화를 두려워하는 국민은
새로운 희망과 행복을 꿈꿀 수 없고
도전을 망설이는 국민은
성공과 발전을 기대할 수 없다.
끊임없는 변화와 도전을 즐기자!
새로운 시대, 새로운 국가를
준비하는 국민이 되자!"

글을 쓰고 나서

마지막 페이지를 쓰고 나서 허리를 펴면서 TV를 켰다.

문재인 대통령께서 "신뉴딜 정책"을 발표하고 계신다. 2025년까지 200조의 엄청난 예산이 투입된다고 한다. 뒤이어 2022년 3월에 실시되는 대통령 선거에 출마할 여야의 후보 대상자들이 소개되었다. 차별화된 뚜렷한 공약은 없고, 상대 흠집잡기에 바쁜 모습이다.

임기 10개월을 남겨놓고 발표되는 신뉴딜 정책은 성공할 수 있을까? 과연 다음 정부가 그 정책을 이어받아 실행할까? 과거 노무현 정부가 추진했던 "기업도시 정책"은 어떻게 되었으며, 이명박 정부가 주장했던 "자원외교"는 무엇을 남겼는가? 박근혜 정부가 부르짖던 "창조경제"는 어디로 갔나?

우리나라가 국민소득 4만 불 시대를 가지 못하고 있는 이유는 정권이 바뀔 때마다 함께 '매몰' 당하는 정책들 때문이다. 짧게는 5년마다 바뀌는 정책의 향방 때문에 이미 투자된 예산은 소멸하고 여러 경제 주체는 갈 곳을 잃어버리게 된다.

정권의 말로는 어떠한가? 아이티 대통령이 괴한들에게 총살당하고 남아공 대통령이 부패 혐의로 감옥에 가면서 폭동이 일어났다. 또한 브라질 대통령은 부패 혐의로 탄핵이 거론되고 있다는 뉴스다. 우리나라는 현재 전직 대통령 두 분이 교도소에 수감되어 있는 상태다. 지나친 권력 집중은 곧 부패로 이어진다. 정책이 실패하거나 의혹이 발생해도 임기까지 제왕적 권력을 보장하는 대통령중심제가 만든 결과이다.

나는 대한민국에 5년 단임 대통령중심제보다 의원내각제가 필요하다는 것을 주장해왔다. 의원내각제는 대통령중심제가 가지고 있는 폐단을 해결하고 안정적인 정부 운영을 가능하게 한다. 정부의 정책 기조는 행정부 공무원들이 유지하고, 내각은 정책이 실패하면 즉각 물러나는 책임 정치를 하기 때문이다. 완벽한 제도는 있을 수 없다. 그러나 좀 더 나은 제도는 있을 수 있다.

좋은 것을 알면서도 하지 않는 것은 죄악이다. 가능한 신속히 우리에게 적합한 권력구조로 바꿔야 한다.

대한민국의 현실은 단임 대통령중심제보다 의원내각책임

제가 여러 면에서 필요하다는 것을 밝히고자 이 글을 썼다. 그 중심에 적임자가 필요하다.

  부동산 대책을 스물다섯 번 발표하고도 해결하지 못하는 현 정부와 국회의 여야 의석비율을 고려할 때, 이번 대선에서 어느 진영이 승리하더라도 대통령중심제는 우리에게 어두운 미래만을 보여주고 있다.

  지금, 대선 전 개헌을 위한 국민투표가 절실하다.

  끝으로 이 책이 출간되기까지 도움을 주신 분들과 이야기담 김정미 대표, 이은아 선생에게도 깊은 감사를 드린다. 아울러 아내(이원주)와 딸(은경), 아들(영웅)에게도 고마움을 전한다.

  "국토 균형 발전"을 나부터 실천하자는 생각으로 이 책의 출판을 지역출판사에서 했다.

2021년 7월 17일 제헌절날

조일현

적임자 리더십

조일현 지음

1판 1쇄 발행 2021년 8월 18일

펴낸이 김정미
교정교열 이은아
표지디자인 최은성
본문디자인 홍선희

펴낸곳 이야기담   등록 2012년 18호
전화 070-8857-3851   팩스 033-742-4810
주소 강원도 원주시 북원중길 43-5(26316)
이메일 md7424800@naver.com

ISBN 979-11-88729-18-0 03340

이 책의 전부 또는 일부를 재사용하려면
반드시 저자와 이야기담 양측의 동의를 받아야 합니다.